大学语文：阅读与写作

主　编　赖若良

副主编　王东旭　王惠丹

参　编　丁彦匀　尤思博　陈　璠

北京理工大学出版社

BEIJING INSTITUTE OF TECHNOLOGY PRESS

内 容 简 介

大学语文是大学通识课程之一，本书有机结合了高校大学语文教学的实际，以人文性、时代性、实用性为目的，有效融入了高校教育"立德树人"的思想。全书由"经典阅读"和"实用写作"上、下两篇组成，旨在通过对各种名篇、范文的讲解，在潜移默化中引导学生树立崇高的理想、坚定的爱国主义信念，并通过课后习作与上台发言练习等方式，增强学生的文学鉴赏能力、语言表达能力和实用写作能力。

全书脉络清晰、层次分明、结构完整、文题设计合理，不仅可以作为高等院校大学语文课程的通用教材，也可供各类文学爱好者参考。

图书在版编目（CIP）数据

大学语文：阅读与写作 / 赖若良主编. --北京：
北京理工大学出版社，2023.6
ISBN 978-7-5763-2508-9

Ⅰ.①大…　Ⅱ.①赖…　Ⅲ.①大学语文课-高等学校
-教材　Ⅳ.①H19

中国国家版本馆 CIP 数据核字（2023）第 113358 号

出版发行 / 北京理工大学出版社有限责任公司

社　　址 / 北京市海淀区中关村南大街 5 号

邮　　编 / 100081

电　　话 / （010）68914775（总编室）
　　　　　（010）82562903（教材售后服务热线）
　　　　　（010）68944723（其他图书服务热线）

网　　址 / http：//www.bitpress.com.cn

经　　销 / 全国各地新华书店

印　　刷 / 北京广达印刷有限公司

开　　本 / 787 毫米×1092 毫米　1/16

印　　张 / 10　　　　　　　　　　　　　责任编辑 / 申玉琴

字　　数 / 192 千字　　　　　　　　　　文案编辑 / 申玉琴

版　　次 / 2023 年 6 月第 1 版　2023 年 6 月第 1 次印刷　　责任校对 / 刘亚男

定　　价 / 56.00 元　　　　　　　　　　责任印制 / 李志强

图书出现印装质量问题，请拨打售后服务热线，本社负责调换

前言
PREFACE

党的二十大报告指出："教育、科技、人才是全面建设社会主义现代化国家的基础性、战略性支撑。必须坚持科技是第一生产力、人才是第一资源、创新是第一动力，深入实施科教兴国战略、人才强国战略、创新驱动发展战略，开辟发展新领域新赛道，不断塑造发展新动能新优势。我们要坚持教育优先发展、科技自立自强、人才引领驱动，加快建设教育强国、科技强国、人才强国，坚持为党育人、为国育才，全面提高人才自主培养质量，着力造就拔尖创新人才，聚天下英才而用之。"十八大以来，习近平总书记两次亲临云南考察指导、三次给云南干部群众回信，对云南工作作出一系列重要指示，为云南发展绘就了美好蓝图。

当前，我们要深入学习、融会贯通，切实把忠诚拥护"两个确立"转化为坚决做到"两个维护"的思想自觉、政治自觉、行动自觉，转化为云南现代化建设的具体实践，谱写好中国式现代化的云南篇章。以党的二十大精神融入思政课为契机，大学语文力求让同学们牢记强我中国、复兴中华的责任和使命，牢记自己的初心和梦想，牢记父母、老师的教诲。同时，勉励青年人加强自身修养、把好思想之舵，始终和党保持一致，在中华民族伟大复兴的康庄大道上自信而坚定地走下去。作为新时代青年，一定要坚定道路自信、理论自信、文化自信、制度自信；坚定自己对人生价值的追求；坚定讲好中国故事、传播中国文化、树立中国形象的决心，胸怀世界，学习先进的科学知识、创新理念、拓宽国际视野，学会客观辩证看待问题。

大学语文课程作为高等院校非汉语言文学专业的人文素质必修课，是一门融合人文性、工具性、审美性的通识课程，既能强化大学生对优秀传统文化的认识，也有助于引导大学生树立正确的世界观、人生观、价值观。基于这样的思考，我们从培养应用型人才的目标出发，结合昆明理工大学津桥学院偏重理工类学科的校情，编写了本书。

一、本书的体例安排

在体例安排上，本书由上、下两篇构成。上篇为"经典阅读"。结合教育部近年来关于立德树人和应用型人才培养方面的要求，我们有针对性地将教材内容专题化，内容具体分为家国情怀、经典文化、技艺传承、感悟自然、民俗风情、志向抱负六章，共包括古今文学名篇佳作 18 篇。每一篇为一节，每一节包括本节导读、正文、文章评说、推荐阅读、探究与讨论五大部分。其中"本节导读"帮助学生对文章的作者、写作背景、思想内容、艺术特色有大致的了解；"文章评说"介绍了历代论者对本文的精彩评论或重要研究观点，以辅助学生理解文章；"推荐阅读"向学生推荐与本文相关的作品和相关研究，以引导延伸阅读；"探究与讨论"提出与文章相关的若干问题，引导学生在思考实践中加深理解文章的主题与深层教育意义，并在此基础上引发更深入的思考。

下篇为"实用写作"。针对大学生在学习、生活、未来工作中所需掌握的基本实用文体和在各类文体应用中存在的问题，收编了社群沟通文书、事务类文书、公文类文书、科研类文书中的十余种实用文体。这些文体以培养应用型人才为目的，突出应用性、实践性，从方法论的角度进行介绍，通过概念阐释、文体格式、写作要求、行文特点、注意事项和例文分析等环节对学生进行指导。并在每一种文体后安排与之相应的实践训练内容，以达到学习与训练的有机结合，有效提高学生的沟通表达、应用文写作能力。

二、本书的特色

为适应新时代发展的需要，全书汲取了广大师生们提出的宝贵意见，体现了以下三个方面的特色。

1. 因材施教，由浅入深，有效激发学生学习兴趣

以学生为中心、因材施教是本书编写的主要原则。上篇"经典阅读"六章 18 篇文章，每一篇文章（为一节）包括本节导读、正文、文章评说、推荐阅读、探究与讨论五大部分，引领学生从阅读到欣赏，从欣赏到思考，从思考到反观世界，在眼界和心灵的成长中，提升人文素养和形成价值体系。下篇十余种实用文体通过概念阐释、文体格式、写作要求、行文特点、注意事项、例文分析和实践训练等对学生进行全面的指导。为适应不同学生的特点和学习方法，精心安排了上篇的探究与讨论和下篇的实践训练，因材施教，发挥学生的长处，弥补学生的不足，激发学生学习的兴趣，树立学生学习的信心。为促进学生全面发展，培养大学生创新意识，强化大学生实用写作水平，本书关注学生的心理，突出学生的主体地位，强调群体合作，重视解决问题的能力和批判性思维，将讲授和训练结合，针对学生实际，唤醒学生的求知欲望。

2. 紧跟时代步伐，有效提升学生的写作能力

无论是党政机关还是企事业单位的日常工作都离不开实用写作。小到个人计划、总结、述职报告，大到单位的请示、报告、意见、通知、简报都需要素质较高、写作能力较强的应用型人才。因此，以应用型人才培养为中心的实用写作，承担着帮助学生提高写作技能、增强就业竞争力的责任。本书内容有效结合了大学生职场应对能力需求，将理论与

实践有机结合，从应用型人才的培养目标出发，以系统思想为指导，着眼于宏观类别与微观内容相结合，从社群沟通文书、事务类文书、公文类文书、科研类文书入手，进行实用写作训练。

3. 与时俱进，有机融入课程思政因素，体现立德树人教育思想

本书是编写团队在汲取企事业单位职场培训的案例和经验的基础上，紧跟教育部关于立德树人和发展职业能力培养方面的要求而编写的通识类教材。参与本书编写的作者全部为一线教师，他们在教材编写过程中，着眼夯实当代大学生的传统文化底蕴，有效将教材与课程思政因素有机融合，在潜移默化中引导学生自觉弘扬和践行社会主义核心价值观，自觉关注当前全球的政治、经济、社会等方面的发展，在开阔文化视野的同时，形成正确的世界观、人生观、价值观；并通过课堂讲解与讨论，激发学生的思辨意识、家国情怀以及对真善美的追求，培养学生主动阐释中国文化、弘扬中国文化的能力，促进学生全面发展。

三、本书的编写分工

本书由赖若良教授主编，昆明理工大学津桥学院大学语文课程小组全体教师参与编写。具体编写分工如下：

赖若良教授负责本书的总体设计、整理、统稿工作，负责"实用写作"的初次修改、整理、统稿工作，编写第七章和第十章。

王东旭副教授负责现当代文选的初次修改、整理及"经典阅读"的统稿工作，主要选文为《静夜》、《过客》、《茶花赋》、《李有才板话》（节选）、《吐鲁番情歌》（三首）。

王惠丹副教授负责古代文选的初次修改和整理工作，主要选文为《泷冈阡表》《口技》《超然台记》《节日诗二首》《与韩荆州书》。

丁彦匀老师负责编写第八章和第九章，并负责选文《赠予今年的大学毕业生》。

尤思博老师负责选文《断魂枪》、《中国建筑常识》（节选）、《就任北京大学校长之演说》。

陈璠副教授负责选文《登楼》《段太尉逸事状》《文与可画筼筜谷偃竹记》《满井游记》。

本书在编写过程中参考了大量书籍，在此向作者表示感谢。由于编写人员水平有限，书中不当之处在所难免，敬请读者不吝赐教，以便我们及时修订与改进，使本书在教学实践中不断完善。

《大学语文：阅读与写作》编写组

目 录
CONTENTS

上篇　经典阅读

1

下篇　实用写作

上篇　经典阅读

第一章　家国情怀

第一节　登楼

杜　甫[1]

本节导读

　　本诗是杜甫于唐代宗广德二年（764）客居成都时所写。当时，历时八年的安史之乱刚刚结束，在狼烟四起的多事之秋，杜甫借景抒怀，从山川古迹到古今社会，从国家山河景色到大唐气运，反映出其忧国忧民的情怀。本诗格律严谨，空间与时间相照，景、事、情、议浑然一体，体现了沉郁顿挫的诗歌风格。

　　　花近高楼伤客心，万方多难此登临[2]。
　　　锦江[3]春色来天地，玉垒[4]浮云变古今。
　　　北极[5]朝廷终不改，西山寇盗[6]莫相侵。
　　　可怜后主[7]还祠庙，日暮聊为[8]梁甫吟。

注释

　　[1] 杜甫：712—770，河南巩县（今巩义市）人，祖籍湖北襄阳。字子美，自称少陵野老。唐代现实主义诗人，被尊为"诗圣"，与李白并称"李杜"。其诗歌风格多样，多沉郁顿挫，善律诗。因其处于唐由盛转衰的历史时期，其诗多反映了国家战事、社会矛盾、百姓疾苦，被誉为"诗史"。现存诗 1 400 多首，代表作有"三吏"（《新安吏》《石壕吏》《潼关吏》）、"三别"（《新婚别》《无家别 》《垂老别》）、《登高》等。

　　[2] 临：高处往下看。

　　[3] 锦江：岷江支流，成都产锦，在江水中漂洗后色泽更明亮，故又名濯锦江。

　　[4] 玉垒：成都西北处的一座山。

　　[5] 北极：北极星，指朝廷。

[6] 寇盗：指吐蕃。

[7] 后主：三国时期的蜀国后主刘禅。

[8] 聊为：不甘心这样做而姑且这样。梁甫吟：古乐府中一首葬歌。《三国志》言，诸葛亮"躬耕陇亩，好为《梁甫吟》"。

文章评说

七言难于气象雄浑、句中有力，而纤徐不失言外之意。自老杜"锦江春色来天地，玉垒浮云变古今"与"五更鼓角声悲壮，三峡星河影动摇"等句之后，常恨无复继者。

——宋·叶梦得《石林诗话》

造意大，命格高，真可度越诸家。

——清·李因笃《杜诗集评》

声宏势阔，自然杰作。

——清·浦起龙《读杜心解》

气象雄伟，笼盖宇宙，此杜诗之最上者。

——清·沈德潜《唐诗别裁集》

推荐阅读

杜甫《登岳阳楼》（彭定秋，等. 全唐诗 [M]. 上海：上海古籍出版社，1986.）

杜甫《春望》（彭定秋，等. 全唐诗 [M]. 上海：上海古籍出版社，1986.）

陆游《晚晴闻角有感》（霍松林，等. 宋诗鉴赏辞典 [M]. 上海：上海辞书出版社，1987.）

探究与讨论

1. 颔联写景有什么作用？

2. 杜甫提到"后主""梁甫吟"的用意何在？

3. 辛弃疾的《水龙吟·登建康赏心亭》与此篇有何相似之处？

第二节　段太尉逸事状[1]

柳宗元[2]

本节导读

　　唐宪宗元和九年（814），柳宗元写下此篇给韩愈作为修史的参考，批判长期存在的藩镇割据势力，影响国家安全，鼓励韩愈作为史官秉承公心、不畏人祸，给历史人物公正客观的评价。宋代编修的《新唐书·段秀实传》便取材于此。本文记述了三件段太尉的逸事，人物形象鲜明、情节生动，突出了段秀实爱国爱民、勇毅笃行、正直廉洁的官吏形象。

　　太尉始为泾州刺史时，汾阳王以副元帅居蒲[3]。王子晞为尚书[4]，领行营节度使[5]，寓军邠州[6]，纵士卒无赖[7]。邠人偷嗜暴恶者[8]，卒以货窜名军伍中[9]，则肆志[10]，吏不得问。日群行丐取于市[11]，不嗛[12]，辄奋击折人手足，椎釜鬲瓮盎盈道上[13]，袒臂徐去，至撞杀孕妇人。邠宁节度使白孝德以王故，戚不敢言[14]。

　　太尉自州以状白府[15]，愿计事。至则曰："天子以生人付公理[16]，公见人被暴害，因恬然[17]。且[18]大乱，若何？"孝德曰："愿奉教[19]。"太尉曰："某为泾州，甚适，少事；今不忍人无寇暴死[20]，以乱天子边事。公诚以都虞候命某者[21]，能为公已[22]乱，使公之人不得害。"孝德曰："幸甚！"如太尉请[23]。

　　既署[24]一月，晞军士十七人入市取酒，又以刃刺酒翁，坏酿器，酒流沟中。太尉列卒取十七人，皆断头注槊上[25]，植市门外。晞一营大噪[26]，尽甲。孝德震恐，召太尉曰："将奈何？"太尉曰："无伤也！请辞[27]于军。"孝德使数十人从太尉，太尉尽辞去。解佩刀，选老躄[28]者一人持马，至晞门下。甲者出，太尉笑且入曰："杀一老卒，何甲也？吾戴吾头来矣！"甲者愕。因谕[29]曰："尚书固负若属耶[30]？副元帅固负若属耶？奈何欲以乱败郭氏？为白尚书，出听我言。"

　　晞出见太尉。太尉曰："副元帅勋塞天地，当务始终[31]。今尚书恣卒为暴，暴且乱，乱天子边，欲谁归罪？罪且及[32]副元帅。今邠人恶子弟以货窜名军籍中，杀害人，如是不止，几日不大乱？大乱由尚书出，人皆曰尚书倚[33]副元帅，不戢士[34]。然则郭氏功名，其与存者几何？"言未毕，晞再拜曰："公幸教晞以道，恩甚大，愿奉军以从。"顾叱左右曰："皆解甲散还火伍[35]中，敢哗者死！"太尉曰："吾未晡食[36]，请假设草具[37]。"既食，曰："吾疾作，愿留宿门下。"命持马者去，旦日[38]来。遂卧军中，晞不解衣，戒候卒击柝卫太尉[39]。旦，俱至孝德所，谢不能，请改过。邠州由是无祸。

先是[40]，太尉在泾州为营田官[41]。泾大将焦令谌取人田，自占数十顷，给与农，曰："且熟，归我半。"是岁大旱，野无草，农以告谌。谌曰："我知入数而已，不知旱也。"督责益急，农且饥死，无以偿，即告太尉。

太尉判状辞甚巽[42]，使人求谕谌。谌盛怒，召农者曰："我畏段某耶？何敢言我！"取判铺背上，以大杖击二十，垂死，舆[43]来庭中。太尉大泣曰："乃我困汝！"即自取水洗去血，裂裳衣疮[44]，手注善药，旦夕自哺农者，然后食。取骑马卖，市[45]谷代偿，使勿知。

淮西寓军帅尹少荣[46]，刚直士也。入见谌，大骂曰："汝诚人耶？泾州野如赭[47]，人且饥死，而必得谷，又用大杖击无罪者。段公，仁信大人也，而汝不知敬。今段公唯一马，贱卖市谷入汝汝又取不耻。凡为人傲[48]天灾、犯大人、击无罪者，又取仁者谷，使主人出无马，汝将何以视天地，尚不愧奴隶耶！"谌虽暴抗[49]，然闻言则大愧流汗，不能食，曰："吾终不可以见段公！"一夕，自恨死。

及太尉自泾州以司农征[50]，戒其族："过岐[51]，朱泚幸致货币[52]，慎勿纳。"及过，泚固致大绫三百匹。太尉婿韦晤坚拒，不得命。至都[53]，太尉怒曰："果不用吾言！"晤谢曰："处贱无以拒也。"太尉曰："然终不以在吾第。"以如司农治事堂[54]，栖之梁木上。泚反[55]，太尉终，吏以告泚，泚取视，其故封识具存[56]。

太尉逸事如右。

元和九年月日，永州司马员外置同正员柳宗元谨上史馆[57]。今之称太尉大节者，出入[58]以为武人一时奋不虑死，以取名天下，不知太尉之所立[59]如是。宗元尝出入岐周邠斄间[60]，过真定，北上马岭[61]，历亭障堡戍[62]，窃好问老校[63]退卒，能言其事。太尉为人姁姁[64]，常低首拱手行步，言气卑弱[65]，未尝以色待物；人视之，儒者也。遇不可，必达其志，决非偶然者。会州刺史崔公来，言信行直，备[66]得太尉遗事，复校无疑。或恐尚逸坠[67]，未集太史氏[68]，敢以状私于执事[69]。谨[70]状。

注释

[1] 段太尉（719—783）：名秀实，字成公，汧阳（今陕西千阳）人，唐代宗广德二年（764）为泾州刺史。唐德宗建中四年（783），朱泚作乱称帝，段秀实斥其为狂贼，以朝笏击朱之面额，遂被害，后被追赠为太尉。状：旧时详细记录死者世系、名字、爵里、行实和寿年的文体。逸事状：记录鲜为人知之事，状的变体。

[2] 柳宗元（773—819）：字子厚，唐代著名诗人、文学家和政治家，世称"柳河东""柳柳州"。柳宗元的传记、寓言论说性强，笔锋犀利，山水游记刻画细致，文以辞彩华丽为工，在文坛上享有极高声誉。韩愈和柳宗元倡导了中唐古文运动，并称为"韩柳"。与刘禹锡并称为"刘柳"。唐顺宗永贞元年（805），柳宗元参加了王叔文、王伾的政治革新运动，反对宦官专权和藩镇割据，后因失败被贬为永州司马，终逝于柳州。代表

作有《捕蛇者说》《永州八记》《柳河东集》等。

[3] 汾阳王：郭子仪。唐肃宗至德二年（757），郭子仪兼任关内、河东副元帅。蒲：河中府（今山西永济）。

[4] 王子晞：指郭晞，郭子仪的第三子，随父征战，屡建功勋。唐代宗广德二年（764）因吐蕃侵边，郭晞奉命支援邠州（今陕西彬州市）。卒后被追赠为兵部尚书。

[5] 领：兼任。

[6] 寓：寄居。军：驻扎。

[7] 无赖：横行霸道，行为不法。

[8] 偷：懒惰。嗜：贪心。暴：强暴。恶：凶恶。

[9] 卒：大都。货：钱财。窜：不正当地混入。

[10] 肆志：为所欲为。

[11] 丏：乞讨。

[12] 嗛（qiè）：满足。

[13] 椎：用木棍敲击。釜：锅。鬲（lì）：三个脚的容器。瓮：盛酒的陶罐。盎：腹大口小的瓦盆。

[14] 戚：担忧。

[15] 州：泾州。状：一种陈述事实的文书。白：禀告。府：指节度使衙门。

[16] 生人：生民；百姓。付：交托。

[17] 因：仍然。恬然：安然，无动于衷。

[18] 且：将要。

[19] 奉：捧着，承受，接受。教：指教。

[20] 无寇：没有战乱。

[21] 诚：如果。都虞候：军队中的执法官。者：……的话。

[22] 已：止。

[23] 如：按照，依从。

[24] 署：代理（职务）。

[25] 槊：八丈长矛。

[26] 噪：哄闹。

[27] 辞：说理。

[28] 蹩：跛脚。

[29] 谕：晓谕，教导。

[30] 固：难道。若属：汝辈。

[31] 务：致力于。

[32] 及：连累，累及。

［33］倚：倚仗。

［34］戢：管束；制止。

［35］火伍：队伍。古代军队编制十人为火，五人为伍。

［36］晡食：晚餐。晡：申时，下午三点到五点。

［37］假设：代办。草具：粗劣的饭，粗茶淡饭。

［38］旦日：第二日。

［39］戒：告谕。柝：古代巡夜打更用的梆子。

［40］先是：在此之前。

［41］营田官：唐制，军队万人以上设置营田副使一名，掌管军队屯垦。

［42］判状：判决书。巽：通"逊"，委婉，柔顺。

［43］舆：抬。

［44］裂：撕破。衣：包扎。疮：伤口。

［45］市：买。

［46］淮西：今河南许昌、信阳一带。

［47］赭：红色的土。

［48］傲：不顾。

［49］抗：通"伉"，高傲。

［50］及太尉自泾州以司农征：唐德宗建中元年（780）二月，段秀实被征召为司农卿，掌管国家储粮用粮之事。

［51］岐：州名，今陕西凤翔区。

［52］朱泚：昌平（今北京昌平）人，原任卢龙节度使，时为凤翔府尹。幸：或许。致：赠送。

［53］都：京都长安。

［54］如：送往。治事堂：办公厅。

［55］反：谋反。

［56］封：封存。识：通"志"，标记。

［57］上：呈给。

［58］出入：不一致。此侧重于指对段太尉为人行事的歪曲和误解。

［59］所立：人品。

［60］周：岐山，今陕西境内。鄐（tái）：通"邰"，今陕西武功县内。

［61］真定：或地址"真宁"之误。真宁：今甘肃正宁县。马岭：山名，今甘肃庆阳市。

［62］亭障堡戍：古代在边地修建的岗楼碉堡一类建筑物，供瞭望、防御之用。

［63］校：中下级军官。

［64］姁姁（xǔ xǔ）：温和的样子。

［65］言气卑弱：说话的口气谦恭温和。

［66］备：详尽。

［67］逸坠：散失，遗漏。

［68］太史氏：史官。

［69］敢：表敬辞。私：私下送达。执事：对对方的尊称，指史官韩愈。

［70］谨：郑重。

文章评说

所贵乎枯谈者，谓其外枯而中膏，似淡而实美，渊明、子厚之流是也。

——宋·苏轼《苏东坡跋·评韩柳诗》

段公忠义明决，叙得凛凛有生气。文笔酷似子长，欧、苏亦未易得此古峭也。先杀十七人，而后见，事似太爽快，近危道，公盖知可与言者，又不入此而先见，恐不足以弥之，然公是时义激于中，生死总不计及。不然，笏击逆，岂自分不死耶？

——清·蔡世远《古文雅正·卷九》

后先倒叙，似疾雷迅电过后，却见朗月当空，使观者改容，是叙事妙处。

——林纾《韩柳文研究法·柳文研究法》

不但是杰出的人物传记，也可以当作历史和小说来读。

——王松龄、杨立扬《柳宗元诗文选译》

推荐阅读

柳宗元《三戒》（尚永亮，洪迎华．柳宗元集［M］．北京：商务印书馆出版社，2007.）

柳宗元《天说》（柳宗元．柳河东集［M］．上海：上海古籍出版社，2008.）

刘禹锡《元和十一年自朗州召至京戏赠看花诸君子》（彭定秋，等．全唐诗［M］．上海：上海古籍出版社，1986.）

探究与讨论

1. 本文对哪些人物形象进行了对比？

2. 本文的写作目的有哪些？

3. 段太尉的品质与处事方式在当代社会是否具有现实意义？现实生活中的哪些人可以称为"段太尉"？

第三节　静　夜

闻一多

本节导读

闻一多（1899—1946），原名闻家骅，湖北浠水人。他是前期新月派的代表诗人和新格律诗理论的主要创建者，是我国著名的爱国主义诗人。1946 年 7 月 15 日被枪杀于昆明。代表诗集有《红烛》和《死水》。

《静夜》收录于诗集《死水》，此诗于 1927 年 5 月 20 日在上海《时事新报·学灯》发表，原题为《心跳》，后改为《静夜》。静夜不静，世界不平静，心情不平静。本诗通过将个人的安宁与社会的动荡进行对比，表现出诗人对军阀混战的强烈谴责和对民众苦难的深情关切。

这灯光，这灯光漂白了的四壁；
这贤良的桌椅，朋友似的亲密；
这古书的纸香一阵阵的袭来；
要好的茶杯贞女一般的洁白；
受哺的小儿唛呷在母亲怀里，
鼾声报道我大儿康健的消息……
这神秘的静夜，这浑圆的和平，
我喉咙里颤动着感谢的歌声。
但是歌声马上又变成了诅咒，
静夜！我不能，不能受你的贿赂。
谁希罕你这墙内尺方的和平！
我的世界还有更辽阔的边境。
这四墙既隔不断战争的喧嚣，
你有什么方法禁止我的心跳？
最好是让这口里塞满了沙泥，
如其他只会唱着个人的休戚！
最好是让这头颅给田鼠掘洞，
让这一团血肉也去喂着尸虫，

如果只是为了一杯酒，一本诗，

静夜里钟摆摇来的一片闲适，

就听不见了你们四邻的呻吟，

看不见寡妇孤儿抖颤的身影，

战壕里的痉挛，疯人咬着病榻，

和各种惨剧在生活的磨子下。

幸福！我如今不能受你的私贿，

我的世界不在这尺方的墙内。

听！又是一阵炮声，死神在咆哮。

静夜！你如何能禁止我的心跳？

文章评说

诗乐同轨，音乐和诗歌出自同一个母胎。闻一多谙熟中外古今的诗律，他从中国古典诗词的起承转合、抑扬顿挫的传统手法中吸取韵脚和平仄；同时又从西洋诗歌格律中引进了音尺的协和，使由声音单位有规律的重复所形成的节奏和旋律成为诗的心脏的跳动。这样，音乐的因素在诗歌中得到了充分的发挥。《静夜》中跌宕多姿的自然音节的跳动和节奏，淋漓尽致地抒发了诗人波澜起伏的感情。

——闻立雕《关于父亲的〈静夜〉》

《死水》里的许多作品，也还是表现出诗人的这种浪漫主义创作手法，虽然它们是包括在严整的形式之中，像《口供》《静夜》《一个观念》等。

——臧克家《臧克家全集·第10卷》

他重视新诗的社会价值，尤为推崇郭沫若《女神》所表现出的时代精神。闻一多的新诗创作实践了自己的理论主张，被朱自清称为"五四时期唯一的爱国诗人"。

——吴景明、韩晓芹《中国现代文学史》

他留学美国，热情地学习西方文化，却又强烈地感到民族与文化的压迫，作为一种反抗，他写下了被称为"爱国主义"的诗篇。

——钱理群《中国现代文学三十年》

推荐阅读

闻一多《红烛》（闻一多.红烛［M］.天津：百花文艺出版社，2006.）

闻一多《死水》（闻一多.死水［M］.天津：百花文艺出版社，2018.）

闻一多《闻一多名作欣赏》（闻一多.闻一多名作欣赏［M］.北京：中国和平出版社，1993.）

探究与讨论

1. 请结合诗歌内容阐释"静夜"这一意象。

2. 作者真的要为这神秘的静夜发出感谢的歌声吗？他究竟要表达什么？

3. 反复品读此诗，体会作者的感情波澜，谈谈本诗的艺术特色。

第二章 经典文化

第一节 泷冈阡表[1]

欧阳修[2]

本节导读

　　欧阳修于北宋熙宁三年（1070）将皇祐年间所写《先君墓表》进一步修改，并刻在父亲墓道前的石碑上，追思父母的恩情。本文与韩愈的《祭十二郎文》、袁枚的《祭妹文》并称为中国古代三大祭文。本墓表一碑双表、简而有法，以"有待"二字作为眼目贯穿始终，首尾呼应。佐以一连串"知"字，从母亲口中将父亲廉洁好施、孝敬父母、宅心仁厚的高尚品格加以体现，同时自然真切地表现了母亲坚贞、贤良、勤俭的美好品格，父母形象生动饱满。《泷冈阡表》虽为缅怀父母的祭文，也间接抨击了贪官污吏为钱财所累、吏治残酷不仁、官员断案草菅人命的社会现象。文章意深言简，含蓄中寓有褒贬，语言平易自然、委婉曲折，构思明暗交叉、互衬互托，体现了欧阳修"道与文统一"的文学观点。

　　呜呼！惟我皇考[3]崇公[4]，卜吉[5]于泷冈之六十年，其子修始克[6]表于其阡。非敢缓也，盖有待也。

　　修不幸，生四岁而孤[7]。太夫人守节自誓，居穷，自力于衣食，以长以教，俾[8]至于成人。太夫人[9]告之曰："汝父为吏，廉而好施与，喜宾客。其俸禄虽薄，常不使有余。曰：'毋以是为我累。'故其亡也，无一瓦之覆、一垄之植以庇而为生，吾何恃[10]而能自守耶？吾于汝父，知其一二，以有待于汝也。自吾为汝家妇，不及事吾姑[11]，然知汝父之能养也。汝孤而幼，吾不能知汝之必有立[12]，然知汝父之必将有后[13]也。吾之始归[14]也，汝父免于母丧[15]方逾年。岁时祭祀，则必涕泣曰：'祭而丰，不如养之薄也。'间御[16]酒食，则又涕泣曰：'昔常不足，而今有余，其何及[17]也！'吾始一二见之，以为新免于丧适然耳。既而其后常然，至其终身未尝不然。吾虽不及事姑，而以此知汝父之能养也。汝父为吏，常夜烛治官书，屡废而叹。吾问之，则曰：'此死狱也，我求其生不得耳。'吾曰：'生可求乎？'曰：'求其生而不得，则死者与我皆无恨也。矧^[18]求而有得耶？以其有得，则知不求而死者有恨也。夫常求其生，犹失之死，而世常求其死也？'回顾乳者抱汝而立于旁，因指而叹曰：'术者谓我岁行在戌^[19]将死，使其言然，吾不及见儿之立也，后当以我语告之。'其平居教他子弟，常用此语，吾耳熟焉，故能详也。其施于外事，吾不能知；其居于家，无所矜饰，而所为如此，是真发于中者耶！呜呼，其心厚于仁者耶！此吾知汝父之必将有后也。汝其勉之。夫养不必丰，要^[20]于孝；利虽不得博于物，要其心之厚于仁。吾不能教汝，此汝父之志也。"修泣而志之不敢忘。

先公少孤力学，咸平三年^[21]进士及第，为道州^[22]判官^[23]，泗^[24]、绵^[25]二州推官^[26]，又为泰州^[27]判官，享年五十有九，葬沙溪^[28]之泷冈。太夫人姓郑氏，考^[29]讳^[30]德仪，世为江南名族。太夫人恭俭仁爱而有礼，初封福昌县^[31]太君，进封乐安^[32]、安康^[33]、彭城^[34]三郡太君。自其家少微时，治其家以俭约，其后常不使过之。曰："吾儿不能苟合于世，俭薄所以居患难也。"其后修贬夷陵，太夫人言笑自若，曰："汝家故贫贱也，吾处之有素矣。汝能安之，吾亦安矣。"

自先公之亡二十年^[35]，修始得禄而养。又十有二年，列官于朝，始得赠封^[36]其亲。又十年，修为龙图阁直学士^[37]、尚书吏部郎中^[38]、留守南京^[39]。太夫人以疾终于官舍，享年七十有二。又八年，修以非才^[40]入副枢密^[41]，遂参政事^[42]。又七年而罢。自登二府^[43]，天子推恩，褒其三世。盖自嘉祐以来，逢国大庆，必加宠锡^[44]。皇曾祖府君^[45]，累赠金紫光禄大夫、太师、中书令^[46]。曾祖妣，累封楚国太夫人。皇祖府君，累赠金紫光禄大夫、太师、中书令，兼尚书令。祖妣，累封吴国太夫人。皇考崇公，累赠金紫光禄大夫、太师、中书令，兼尚书令。皇妣，累封越国太夫人。今上^[47]初郊^[48]，皇考赐爵为崇国公，太夫人进号魏国。

于是小子修泣而言曰："呜呼！为善无不报，而迟速有时，此理之常也。惟我祖考，积善成德，宜享其隆，虽不克^[49]有于其躬^[50]，而赐爵受封，显荣褒大，实有三朝^[51]之锡命，是足以表见于后世，而庇赖其子孙矣。"乃列其世谱，具刻于碑，既又载我皇考崇公之遗训，太夫人之所以教而有待于修者，并揭^[52]于阡。俾知夫小子修之德薄能鲜，遭时窃位；而幸全大节，不辱其先者，其来有自。

熙宁三年，岁次庚戌，四月，辛酉朔，十有五日、乙亥^[53]；男推诚、保德、崇仁、诩戴^[54]功臣，观文殿^[55]学士，特进^[56]，行^[57]兵部尚书，知青州军州事^[58]，兼管内劝农使^[59]，充^[60]京东路^[61]安抚使^[62]，上柱国^[63]，乐安郡开国公^[64]，食邑^[65]四千三百户，食实封^[66]一千二百户，修表。

注释

[1] 泷冈：地名，今在江西省吉安市永丰县沙溪镇。阡：墓道。阡表：即墓表，是记

述死者功德的文体，书于墓碑上，碑竖于墓前或墓道内。《泷冈阡表》是欧阳修任青州太守时护送母亲郑氏灵柩归葬故里泷冈时所立的墓碑，碑文为欧阳修亲自撰文手书。

[2] 欧阳修（1007—1072）：北宋著名的文学家、史学家。字永叔，号醉翁，又号六一居士，吉州庐陵（今江西省吉安市）人，谥号文忠，人称欧阳文忠公。欧阳修是北宋初年文坛领袖，北宋古文运动的倡导者，散文说理畅达，抒情委婉，为"唐宋八大家"之一，与韩愈、柳宗元和苏轼合称"千古文章四大家"。有《欧阳文忠公文集》。

[3] 皇考：对去世的父亲的敬称。

[4] 崇公：崇国公，欧阳修父亲欧阳观的封号。

[5] 卜吉：通过占卜选择吉辰或吉祥的墓地。

[6] 克：能够。

[7] 孤：年幼死了父亲称为"孤"。

[8] 俾：达到……程度。

[9] 太夫人：指欧阳修的母亲郑氏。古时列侯之妻称夫人，列侯死，子称其母为太夫人。

[10] 恃：凭借。

[11] 姑：丈夫的母亲，婆婆。

[12] 立：建树。

[13] 后：继承他品德志向的人。

[14] 归：古代女子出嫁。

[15] 免于母丧：母亲死后三年除去丧服。

[16] 御：进。

[17] 其何及：怎么能达到。

[18] 矧（shěn）：况且。

[19] 岁行在戌：岁星（木星）运行到戌年的时候。

[20] 要：关键，重点。

[21] 咸平三年：公元 1000 年，咸平为宋真宗年号。

[22] 道州：今湖南省道县。

[23] 判官：官名，州府的属官，掌管文书工作。

[24] 泗：今安徽省宿州市泗县。

[25] 绵：今四川省绵阳市。

[26] 推官：官名，州郡长官的属官，专管刑事。

[27] 泰州：今江苏省泰州市姜堰区。

[28] 沙溪：今江西省吉安市永丰县。

[29] 考：亡父。

［30］讳：名讳。

［31］福昌县：今河南省宜阳县。

［32］乐安：乐安郡，治所在今山东省博兴县。

［33］安康：今陕西省汉阴县。

［34］彭城：彭城郡治所在今江苏省徐州市。

［35］自先公之亡二十年：宋仁宗天圣八年（1030），欧阳修进士及第，任将仕郎、西京留守推官。

［36］赠封：皇帝对官员和其妻子、父母、祖先等的封赐。

［37］龙图阁：宋真宗建。阁上供奉太宗御书、御制文集及典籍、图画、宝瑞之物，以及宗正寺所进的属籍、世谱。有学士、直学士、待制、直阁等官。

［38］尚书吏部郎中：吏部属于尚书省，掌管官员的升迁、任免、调动等，设有四位郎中。

［39］留守南京：宋代，西京、南京、北京各设置一位留守，由知府兼任。治所在今河南省商丘市。

［40］非才：欧阳修自谦之词，才位不相称的意思。

［41］副枢密：枢密院的副使。

［42］参政事：参知政事，相当于副宰相。

［43］二府：枢密院和中书省。

［44］锡：通"赐"。

［45］府君：子孙对祖先的通称。

［46］金紫光禄大夫、太师、中书令：与其后的尚书令、崇国公等，均为褒赐之官。

［47］今上：当今皇上，指宋神宗。

［48］初郊：初次举行祭天大典。

［49］克：能。

［50］躬：自身。

［51］三朝：宋仁宗、宋英宗、宋神宗三朝。

［52］揭：铭刻。

［53］熙宁三年，岁次庚戌，四月，辛酉朔，十有五日、乙亥：宋神宗熙宁三年，即公元1070年，是庚寅年，四月初一这天的干支是辛酉，四月十五日是乙亥日。

［54］推诚、保德、崇仁、诩戴：宋代赐封文武臣僚的功臣号。

［55］观文殿：殿名，隋炀帝建。

［56］特进：宋代文散官，正二品。

［57］行：兼。

［58］知青州军州事：任青州（今山东省青州市）知州，监管军事和民政。

[59] 兼管内劝农使：州官的兼职，掌管农事。

[60] 充：代理，担任。

[61] 京东路：宋代地方分区的名称，辖区大致在今山东省东南部和河南省、江苏省部分地区。

[62] 安抚使：宋代"路"的行政长官。

[63] 上柱国：宋代勋官的最高级。

[64] 开国公：宋代封爵的第六等。

[65] 食邑：享用封地的租税。

[66] 食实封：实际封的食邑。

文章评说

凡诗文出于真情则工，昔人所谓出于肺腑者是也。如《三百篇》、《楚辞》、武侯《出师表》、李令伯《陈情表》、陶靖节诗、韩文公《祭兄子老成文》、欧阳公《泷冈阡表》，皆所谓出于肺腑者也，故皆不求工而自工。故凡作诗文，皆以真情为主。

——明·薛瑄《薛文清公读书录》

其有待处，即决于乃翁素行。因以死后之贫验其廉，以思亲之久验其孝，以治狱之叹验其仁。或反跌，或正叙，琐琐曲尽，无不极其斡旋。

——清·林云铭《古文析义·卷十四》

推荐阅读

韩愈《祭十二郎文》（孙昌武.韩愈选集 [M].上海：上海古籍出版社，2013.）

李密《陈情表》（吴楚才，吴调侯.古文观止 [M].北京：华夏出版社，2009.）

袁枚《祭妹文》（袁枚.袁枚散文选 [M].北京：商务印书馆，2022.）

探究与讨论

1. 此文是欧阳修追悼亡父的，但父亲亡故的时候他年仅四岁，无法知悉父亲生平，他是用怎样的手法落笔的？

2. 本墓表不仅追悼亡父，同时也写了对母亲对怀念，所谓"一碑双表"，作者是怎样写母亲的呢？

3. 本文除了追忆、缅怀父母，还有什么意义？

第二节　过　客

鲁　迅

本节导读

　　鲁迅（1881—1936），原名周樟寿，字豫才，浙江绍兴人。鲁迅出生在一个没落的封建士大夫家庭，1898 年进入江南水师学堂学习，学名周树人。1902 年 2 月到 1909 年 6 月，鲁迅留学日本。1918 年发表《狂人日记》时署名鲁迅。1927 年 10 月到 1936 年 10 月定居上海。主要作品有小说集《呐喊》《彷徨》《故事新编》，散文集《朝花夕拾》和散文诗集《野草》。

　　《过客》（1925 年）采用了剧本文体，其中孤独的过客面对的困惑和彷徨，是现实世界在知识分子心灵上的投影，是作者对自己人生使命的哲学化表达。

　　时：或一日的黄昏。

　　地：或一处。

　　人：老翁——约七十岁，白头发，黑长袍。

　　　　女孩——约十岁，紫发，乌眼珠，白地黑方格长衫。

　　　　过客——约三四十岁，状态困顿倔强，眼光阴沉，黑须，乱发，黑色短衣裤皆破碎，赤足著破鞋，胁下挂一个口袋，支着等身的竹杖。

　　东，是几株杂树和瓦砾；西，是荒凉破败的丛葬；其间有一条似路非路的痕迹。一间小土屋向这痕迹开着一扇门；门侧有一段枯树根。

　　（女孩正要将坐在树根上的老翁搀起。）

　　翁——孩子。喂，孩子！怎么不动了呢？

　　孩——（向东望着，）有谁走来了，看一看罢。

　　翁——不用看他。扶我进去罢。太阳要下去了。

　　孩——我，——看一看。

　　翁——唉，你这孩子！天天看见天，看见土，看见风，还不够好看么？什么也不比这些好看。你偏是要看谁。太阳下去时候出现的东西，不会给你什么好处的。……还是进去罢。

　　孩——可是，已经近来了。阿阿，是一个乞丐。

　　翁——乞丐？不见得罢。

　　（过客从东面的杂树间跄踉走出，暂时踌躇之后，慢慢地走近老翁去。）

客——老丈，你晚上好？

翁——阿，好！托福。你好？

客——老丈，我实在冒昧，我想在你那里讨一杯水喝。我走得渴极了。这地方又没有一个池塘，一个水洼。

翁——唔，可以可以。你请坐罢。（向女孩，）孩子，你拿水来，杯子要洗干净。

（女孩默默地走进土屋去。）

翁——客官，你请坐。你是怎么称呼的？

客——称呼？——我不知道。从我还能记得的时候起，我就只一个人，我不知道我本来叫什么。我一路走，有时人们也随便称呼我，各式各样地，我也记不清楚了，况且相同的称呼也没有听到过第二回。

翁——阿阿。那么，你是从哪里来的呢？

客——（略略迟疑，）我不知道。从我还能记得的时候起，我就在这么走。

翁——对了。那么，我可以问你到哪里去么？

客——自然可以。——但是，我不知道。从我还能记得的时候起，我就在这么走，要走到一个地方去，这地方就在前面。我单记得走了许多路，现在来到这里了。我接着就要走向那边去，（西指，）前面！

（女孩小心地捧出一个木杯来，递去。）

客——（接杯，）多谢，姑娘。（将水两口喝尽，还杯，）多谢，姑娘。这真是少有的好意。我真不知道应该怎样感激！

翁——不要这么感激。这于你是没有好处的。

客——是的，这于我没有好处。可是我现在很恢复了些力气了。我就要前去。老丈，你大约是久住在这里的，你可知道前面是怎么一个所在么？

翁——前面？前面，是坟。

客——（诧异地，）坟？

孩——不，不，不。那里有许多许多野百合，野蔷薇，我常常去玩，去看他们的。

客——（西顾，仿佛微笑，）不错。那些地方有许多许多野百合，野蔷薇，我也常常去玩过，去看过的。但是，那是坟。（向老翁，）老丈，走完了那坟地之后呢？

翁——走完之后？那我可不知道。我没有走过。

客——不知道？！

孩——我也不知道。

翁——我单知道南边，北边，东边，你的来路。那是我最熟悉的地方，也许倒是于你们最好的地方。你莫怪我多嘴，据我看来，你已经这么劳顿了，还不如回转去，因为你前去也料不定可能走完。

客——料不定可能走完？……（沉思，忽然惊起，）那不行！我只得走。回到那里去，就没一处没有名目，没一处没有地主，没一处没有驱逐和牢笼，没一处没有皮面的笑容，没一处没有眶外的眼泪。我憎恶他们，我不回转去！

翁——那也不然。你也会遇见心底的眼泪，为你的悲哀。

客——不。我不愿看见他们心底的眼泪，不要他们为我的悲哀！

翁——那么，你，（摇头，）你只得走了。

客——是的，我只得走了。况且还有声音常在前面催促我，叫唤我，使我息不下。可恨的是我的脚早已经走破了，有许多伤，流了许多血。（举起一足给老人看，）——因此，我的血不够了；我要喝些血。但血在哪里呢？可是我也不愿意喝无论谁的血。我只得喝些水，来补充我的血。一路上总有水，我倒也并不感到什么不足。只是我的力气太稀薄了，血里面太多了水的缘故罢。今天连一个小水洼也遇不到，也就是少走了路的缘故罢。

翁——那也未必。太阳下去了，我想，还不如休息一会的好罢，像我似的。

客——但是，那前面的声音叫我走。

翁——我知道。

客——你知道？你知道那声音么？

翁——是的。他似乎曾经也叫过我。

客——那也就是现在叫我的声音么？

翁——那我可不知道。他也就是叫过几声，我不理他，他也就不叫了，我也就记不清楚了。

客——唉唉，不理他……。（沉思，忽然吃惊，倾听着，）不行！我还是走的好。我息不下。可恨我的脚早已经走破了。（准备走路。）

孩——给你！（递给一片布，）裹上你的伤去。

客——多谢，（接取，）姑娘。这真是……这真是极少有的好意。这能使我可以走更多的路。（就断砖坐下，要将布缠在踝上，）但是，不行！（竭力站起，）姑娘，还了你罢，还是裹不下。况且这太多的好意，我没法感激。

翁——你不要这么感激，这于你没有好处。

客——是的，这于我没有什么好处。但在我，这布施是最上的东西了。你看，我全身上可有这样的。

翁——你不要当真就是。

客——是的。但是我不能。我怕我会这样：倘使我得到了谁的布施，我就要像兀鹰看见死尸一样，在四近徘徊，祝愿她的灭亡，给我亲自看见；或者咒诅她以外的一切全部灭亡，连我自己，因为我就应该得到咒诅。但是我还没有这样的力量；即使有这力量，我也不愿意她有这样的境遇，因为她们大概总不愿意有这样的境遇。我想，这最稳当。（向女孩，）姑娘，你这布片太好，可是太小一点了，还了你罢。

孩——（惊惧，退后，）我不要了！你带走！

客——（似笑，）哦哦，……因为我拿过了？

孩——（点头，指口袋，）你装在那里，去玩玩。

客——（颓唐地退后，）但这背在身上，怎么走呢？……

翁——你息不下，也就背不动。——休息一会，就没有什么了。

客——对咧，休息……。（默想，但忽然惊醒，倾听。）不，我不能！我还是走好。

翁——你总不愿意休息么？

客——我愿意休息。

翁——那么，你就休息一会罢。

客——但是，我不能……

翁——你总还是觉得走好么？

客——是的。还是走好。

翁——那么，你也还是走好罢。

客——（将腰一伸，）好，我告别了。我很感激你们。（向着女孩，）姑娘，这还你，请你收回去。

（女孩惊惧，敛手，要躲进土屋里去。）

翁——你带去罢。要是太重了，可以随时抛在坟地里面的。

孩——（走向前，）阿阿，那不行！

客——阿阿，那不行的。

翁——那么，你挂在野百合，野蔷薇上就是了。

孩——（拍手，）哈哈！好！

翁——哦哦……

（极暂时中，沉默。）

翁——那么，再见了。祝你平安。（站起，向女孩，）孩子，扶我进去罢。你看，太阳早已下去了。（转身向门。）

客——多谢你们。祝你们平安。（徘徊，沉思，忽然吃惊，）然而我不能！我只得走。我还是走好罢……（即刻昂了头，奋然向西走去。）

（女孩扶老人走进土屋，随即阖了门。过客向野地里跄踉地闯进去，夜色跟在他后面。）

一九二五年三月二日。

文章评说

如《过客》中，戏剧性的人物是体现三代人的朦胧的象征——老人拒绝正视生活的基本问题，代表从生活的退却；中年人是新的更有意义的价值的寻求者，他在一个非现象的象征世界里永远追寻；年轻女孩通过她童年欢欣的有色眼镜来观察这个世界和社会。

——李天明《难以直说的苦衷——鲁迅〈野草〉探秘》

发源于希望与绝望之争的诸多矛盾，最后归结为一个现实的难题——生与死的抉择，这就是《过客》《死火》《墓碣文》中对生与死的追问。

——朱栋霖《中国现代文学史：1915—2020》（精编版）

《过客》用戏剧形式写成，是他人生哲学的一个象征。体现了他既绝望又执着的精神，鲁迅明知自己的文章（杂文）如一箭射入大海，但仍执着去做，他觉得自己命该如此。

——吴景明、韩晓芹《中国现代文学史》

可以说《野草》是心灵的炼狱中熔铸的鲁迅诗，是从"孤独的个体"的存在体验中升华出来的鲁迅哲学。

——钱理群《中国现代文学三十年》

推荐阅读

鲁迅《野草》（鲁迅．野草［M］．天津：天津人民出版社，2016．）

钱理群《鲁迅〈野草〉里的人生哲学》（钱理群．走进当代的鲁迅［M］．北京：北京大学出版社，1999．）

王乾坤《盛满黑暗的光明——读〈野草〉》（王乾坤．鲁迅的生命哲学［M］．北京：人民文学出版社，1999．）

探究与讨论

1. 过客、老翁、女孩分别代表了哪种类型的人物？

2. 过客在多处回答"我不知道"，作者是想说明什么？

3. "我只得走"在文中出现了好几次，其试图表达怎样的人生姿态？

第三节　断魂枪

老　舍

本节导读

老舍（1899—1966），原名舒庆春，字舍予，中国现代小说家、文学家、戏剧家、语言大师、人民艺术家。代表作有小说《骆驼祥子》《四世同堂》，话剧《茶馆》《龙须沟》。

《断魂枪》是 1935 年老舍创作的一部短篇小说，讲述了沙子龙这一武林高手改变身份当客栈老板后的境遇，串连王三胜卖艺、孙老者与王三胜比武、孙老者献技三个小片段。作者通过对比烘托以及白描的艺术手法，刻画了沙子龙从侠客到客栈老板的身份改变。借沙子龙"断魂"枪术的泯灭，发出呼唤，以期唤醒那些仍徜徉在"东方的大梦"中的国民的灵魂，从而展现了作者深沉而凝重的文化情结。

"生命是闹着玩，事事显出如此，从前我这么想过，现在我懂得了。"

沙子龙的镖局已改成客栈。

东方的大梦没法子不醒了。炮声压下去马来与印度野林中的虎啸。半醒的人们，揉着眼，祷告着祖先与神灵；不大会儿，失去了国土、自由与主权。门外立着不同面色的人，枪口还热着。他们的长矛毒弩，花蛇斑彩的厚盾，都有什么用呢；连祖先与祖先所信的神明全不灵了啊！龙旗的中国也不再神秘，有了火车呀，穿坟过墓破坏着风水。枣红色多穗的镖旗，绿鲨皮鞘的钢刀，响着串铃的口马[1]，江湖上的智慧与黑话，义气与声名，连沙子龙，他的武艺、事业，都梦似的变成昨夜的。今天是火车、快枪，通商与恐怖。听说，有人还要杀下皇帝的头呢！

这是走镖已没有饭吃，而国术还没被革命党与教育家提倡起来的时候。

谁不晓得沙子龙是短瘦、利落、硬棒，两眼明得像霜夜的大星？可是，现在他身上放了肉。镖局改了客栈，他自己在后小院占着三间北房，大枪立在墙角，院子里有几只搂鸽。只是在夜间，他把小院的门关好，熟习熟习他的"五虎断魂枪"。这条枪与这套枪，二十年的工夫，在西北一带，给他创出来"神枪沙子龙"五个字，没遇见过敌手。现在，这条枪与这套枪不会再替他增光显胜了；只是摸摸这凉、滑、硬而发颤的杆子，使他心中少难过一些而已。只有在夜间独自拿起枪来，才能相信自己还是"神枪沙"。在白天，他不大谈武艺与往事；他的世界已被狂风吹了走。

在他手下创练起来的少年们还时常来找他。他们大多数是没落子的，都有点武艺，可是没地方去用。有的在庙会上去卖艺：踢两趟腿，练套家伙，翻几个跟头，附带着卖点大力丸，混个三吊两吊的。有的实在闲不起了，去弄筐果子，或挑些毛豆角，赶早儿在街上论斤吆喝出去。那时候，米贱肉贱，肯卖膀子力气本来可以混个肚儿圆，他们可是不成：肚量既大，而且得吃口管事儿的[2]；干悖悖辣饼子[3]咽不下去。况且他们还时常去走会：五虎棍，开路，太狮少狮……虽然算不了什么——比起走镖来——可是到底有个机会活动活动，露露脸。是的，走会捧场是买脸的事，他们打扮的得像个样儿，至少得有条青洋绉裤子，新漂白细市布的小褂，和一双鱼鳞洒鞋——顶好是青缎子抓地虎靴子。他们是神枪沙子龙的徒弟——虽然沙子龙并不承认——得到处露脸，走会得赔上俩钱，说不定还得打场架。没钱，上沙老师那里去求。沙老师不含糊，多少不拘，不让他们空着手儿走。可是，为打架或献技去讨教一个招数，或是请给说个"对子"——什么空手夺刀，或虎头钩进枪——沙老师有时说句笑话，马虎过去："教什么？拿开水浇吧！"有时直接把他们赶出去。他们不大明白沙老师是怎么了，心中也有点不乐意。

可是，他们到处为沙老师吹腾：一来是愿意使人知道他们的武艺有真传授，受过高人的指教；二来是为激动沙老师，万一有人不服气而找上老师来，老师难道还不露一两手真的么？所以，沙老师一拳就砸倒了个牛！沙老师一脚把人踢到房上去，并没使多大的劲！他们谁也没见过这种事，但是说着说着，他们相信这是真的了，有年月，有地方，千真万确，敢起誓！

王三胜——沙子龙的大伙计——在土地庙拉开了场子，摆好了家伙。抹了一鼻子茶叶末色的鼻烟，他抢了几下竹节钢、鞭，把场子打大一些。放下鞭，没向四围作揖，叉着腰念了两句："脚踢天下好汉，拳打五路英雄。"他向四围扫了一眼："乡亲们，王三胜不是卖艺的；玩艺儿会几套，西北路上走过镖，会过绿林中的朋友。现在闲着没事，拉个场子陪诸位玩玩。有爱练的尽管下来，王三胜以武会友，有赏脸的，我陪着。神枪沙子龙是我的师傅；玩艺地道！诸位，有愿下来的没有？"他看着，准知道没人敢下来，他的话硬，可是那条钢鞭更硬，十八斤重。

王三胜，大个子，一脸横肉，努着对大黑眼珠，看着四围。大家不出声。他脱了小褂，紧了紧深月白色的"腰里硬"，把肚子杀进去。给手心一口唾沫，抄起大刀来：

"诸位，王三胜先练趟瞧瞧。不白练，练完了，带着的扔几个；没钱，给喊个好，助助威。这儿没生意口。好，上眼[4]！"

大刀靠了身，眼珠努出多高，脸上绷紧，胸脯子鼓出，像两块老桦木根子。一跺脚，刀横起，大红缨子在肩前摆动，削砍劈拨，蹲越闪转，手起风生，忽忽直响。忽然刀在右手心上旋转，身弯下去，四围鸦雀无声，只有缨铃轻叫。刀顺过来，猛的一个"跺泥"，身子直挺，比众人高着一头，黑塔似的。收了势："诸位！"一手持刀，一手叉腰，看着四围。稀稀的扔下几个铜钱，他点点头："诸位！"

他等着，等着，地上依旧是那几个亮而削薄的铜钱，外层的人偷偷散去。他咽了口气："没人懂！"他低声的说，可是大家全听见了。

"有功夫！"西北角上一个黄胡子老头儿答了话。

"啊？"王三胜好似没听明白。

"我说：你——有——功——夫！"老头子的语气很不得人心。

放下大刀，王三胜随着大家的头往西北看。谁也没看重这个老人：小干巴个儿，披着件粗蓝布大衫，脸上窝窝瘪瘪，眼陷进去很深，嘴上几根细黄胡，肩上扛着条小黄草辫子，有筷子那么细，而绝对不像筷子那么直顺。王三胜可是看出这老家伙有功夫，脑门亮，眼睛亮——眼眶虽深，眼珠可黑得像两口小井，深深的闪着黑光。王三胜不怕：他看得出别人有功夫没有，可更相信自己的本事，他是沙子龙手下的大将。

"下来玩玩，大叔！"王三胜说得很得体。

点点头，老头儿往里走。这一走，四外全笑了。他的胳臂不大动；左脚往前迈，右脚随着拉上来，一步步的往前拉扯，身子整着[5]，象是患过瘫痪病。蹭到场中，把大衫扔在地上，一点没理会四围怎样笑他。

"神枪沙子龙的徒弟，你说？好，让你使枪吧；我呢？"老头子非常的干脆，很象久想动手。

人们全回来了，邻场耍狗熊的无论怎么敲锣也不中用了。

"三截棍进枪吧？"王三胜要看老头子一手，三截棍不是随便就拿得起来的家伙。

老头子又点点头，拾起家伙来。

王三胜努着眼，抖着枪，脸上十分难看。

老头子的黑眼珠更深更小了，像两个香火头，随着面前的枪尖儿转，王三胜忽然觉得不舒服，那俩黑眼珠似乎要把枪尖吸进去！四外已围得风雨不透，大家都觉出老头子确是有威。为躲那对眼睛，王三胜耍了个枪花。老头子的黄胡子一动："请！"王三胜一扣枪，向前躬步，枪尖奔了老头子的喉头去，枪缨打了一个红旋。老人的身子忽然活展了，将身微偏，让过枪尖，前把一挂，后把撩王三胜的手。拍，拍，两响，王三胜的枪撒了手。场外叫了好。王三胜连脸带胸口全紫了，抄起枪来；一个花子，连枪带人滚了过来，枪尖奔了老人的中部。老头子的眼亮得发着黑光；腿轻轻一屈，下把掩裆，上把打着刚要抽回的枪杆；拍，枪又落在地上。

场外又是一片彩声。王三胜流了汗，不再去拾枪，努着眼，木在那里。老头子扔下家伙，拾起大衫，还是拉拉着腿，可是走得很快了。大衫搭在臂上，他过来拍了王三胜一下："还得练哪，伙计！"

"别走！"王三胜擦着汗，"你不离，姓王的服了！可有一样，你敢会会沙老师？"

"就是为会他才来的！"老头子的干巴脸上皱起点来，似乎是笑呢，"走；收了吧；晚饭我请！"

王三胜把兵器拢在一处，寄放在变戏法二麻子那里，陪着老头子往庙外走。后面跟着不少人，他把他们骂散了。

"你老贵姓？"他问。

"姓孙哪，"老头子的话与人一样，都那么干巴，"爱练；久想会会沙子龙。"

"沙子龙不把你打扁了！"王三胜心里说。他脚底下加了劲，可是没把孙老头落下。他看出来，老头子的腿是老走着查拳门中的连跳步；交起手来，必定很快。但是，无论他怎么快，沙子龙是没对手的。准知道孙老头要吃亏，他心中痛快了些，放慢了些脚步。

"孙大叔贵处？"

"河间的，小地方。"孙老者也和气了些，"月棍年刀一辈子枪，不容易见功夫！说真的，你那两手就不坏！"

王三胜头上的汗又回来了，没言语。

到了客栈，他心中直跳，惟恐沙老师不在家，他急于报仇。他知道老师不爱管这种事，师弟们已碰过不少回钉子，可是他相信这回必定行，他是大伙计，不比那些毛孩子；再说，人家在庙会上点名叫阵，沙老师还能丢这个脸么？

"三胜，"沙子龙正在床上看着本《封神榜》，"有事吗？"

三胜的脸又紫了，嘴唇动着，说不出话来。

沙子龙坐起来："怎么了，三胜？"

"栽了跟头！"

只打了个不甚长的哈欠，沙老师没别的表示。

王三胜心中不平，但是不敢发作；他得激动老师："姓孙的一个老头儿，门外等着老师呢；把我的枪，枪，打掉了两次！"他知道"枪"字在老师心中有多大分量。没等吩咐，他慌忙跑出去。

客人进来，沙子龙在外间屋等着呢。彼此拱手坐下，他叫三胜去泡茶。三胜希望两个老人立刻交了手，可是不能不沏茶去。孙老者没话讲，用深藏着的眼睛打量沙子龙。沙很客气：

"要是三胜得罪了你，不用理他，年纪还轻。"

孙老者有些失望，可也看出沙子龙的精明。他不知怎样好了，不能拿一个人的精明断定他的武艺。"我来领教领教枪法！"他不由地说出来。

沙子龙没接碴儿。王三胜提着茶壶走进来——急于看二人动手，他没管水开了没有，就沏在壶中。

"三胜，"沙子龙拿起个茶碗来，"去找小顺们去，天汇见，陪孙老者吃饭。"

"什么！"王三胜的眼珠几乎掉出来。看了看沙老师的脸，他敢怒而不敢言地说了声"是啦！"走出去，撇着大嘴。

"教徒弟不易！"孙老者说。

"我没收过徒弟。走吧，这个水不开！茶馆去喝，喝饿了就吃。"沙子龙从桌子上拿起缎子褡裢，一头装着鼻烟壶，一头装着点钱，挂在腰带上。

"不，我还不饿！"孙老者很坚决，两个"不"字把小辫从肩上抢到后边去。

"说会子话儿。"

"我来为领教领教枪法。"

"功夫早搁下了，"沙子龙指着身上，"已经放了肉！"

"这么办也行，"孙老者深深的看了沙老师一眼，"不比武，教给我那趟五虎断魂枪。"

"五虎断魂枪？"沙子龙笑了，"早忘干净了！早忘干净了！告诉你，在我这儿住几天，咱们各处逛逛，临走，多少送点盘缠。"

"我不逛，也用不着钱，我来学艺！"孙老者立起来，"我练趟给你看看，看够得上学艺不够！"一屈腰已到了院中，把楼鸽都吓飞起去。拉开架子，他打了趟查拳：腿快，手飘洒，一个飞脚起去，小辫儿飘在空中，像从天上落下来一个风筝；快之中，每个架子都摆得稳、准、利落；来回六趟，把院子满都打到，走得圆，接得紧，身子在一处，而精神贯串到四面八方。抱拳收势，身儿缩紧，好似满院乱飞的燕子忽然归了巢。

"好！好！"沙子龙在台阶上点着头喊。

"教给我那趟枪！"孙老者抱了抱拳。

沙子龙下了台阶，也抱着拳："孙老者，说真的吧；那条枪和那套枪都跟我入棺材，一齐入棺材！"

"不传？"

"不传！"

孙老者的胡子嘴动了半天，没说出什么来。到屋里抄起蓝布大衫，拉拉着腿："打搅了，再会！"

"吃过饭走！"沙子龙说。

孙老者没言语。

沙子龙把客人送到小门，然后回到屋中，对着墙角立着的大枪点了点头。

他独自上了天汇，怕是王三胜们在那里等着。他们都没有去。

王三胜和小顺们都不敢再到土地庙去卖艺，大家谁也不再为沙子龙吹胜；反之，他们说沙子龙栽了跟头，不敢和个老头儿动手；那个老头子一脚能踢死了牛。不要说王三胜输给他，沙子龙也不是他的对手。不过呢，王三胜到底和老头子见了个高低，而沙子龙连句硬话也没敢说。"神枪沙子龙"慢慢似乎被人们忘了。

夜静人稀，沙子龙关好了小门，一气把六十四枪刺下来；而后，挂着枪，望着天上的群星，想起当年在野店荒林的威风。叹一口气，用手指慢慢摸着凉滑的枪身，又微微一笑："不传！不传！"

注释

[1] 口马：指张家口外的马匹。

[2] 管事儿的：有营养，吃了不至于不久又饿的。

[3] 辣饼子：剩下的隔夜干粮。

[4] 上眼：请观众注意看。

[5] 身子整着：两臂不动，身体僵硬地走路。

文章评说

执着而细腻地描写着似乎是最普通最常见的社会风习、民俗、时尚、思维习惯、行为模式、日常生活……如果要用一个词加以概括，最宽泛而最恰当的恐怕就是："文化"。

——宋永毅《老舍与中国文化观念》

老舍创作《断魂枪》的时候，已是20世纪30年代中期，中国的现代化进程在艰难推进，而作家也有了自己相对稳定的职业，正是基于这样的时代感受，老舍以一个小说家的敏感，在自己熟悉的题材领域，对历史前行过程中小人物的人生处境、梦醒后的无奈和挣扎给予了意味深长的一瞥。

——张书杰《〈断魂枪〉：时代光影映衬下的人生探寻》

时间是揭开《断魂枪》中沙子龙不传"这套枪"文化密码的一把钥匙。沙子龙月夜习枪的审美体验发生在时间中，断魂枪招式系列的相继完成形成一个由过去、现在、未来构成的时间点系列，而时间客体的生成是"这套枪"对"这条枪"时间立义的意识动能，这种动能也是枪法可传的时间意识基础。

——安汝杰《"这条枪"如何传授——由老舍〈断魂枪〉看我国传统武术的时间哲学》

"不传！不传！"此话意味深长，可以有两层意思：第一，他真的不再传此枪法，因为他看到世界之变化而不想误国误民；第二，看到此传统在当时的世界格局下不可能再有传下去的空间而有所感慨。在此，老舍对传统文化的沉痛批判及由其现代命运引发的挽歌情调交织在一起，在嘲讽与批评之中，失落与愤激之情并存。

——陈岸峰《短篇之典范：论老舍的〈断魂枪〉》

推荐阅读

老舍《柳家大院》（老舍．断魂枪［M］．北京：中国工人出版社，2012.）

老舍《月牙儿》（老舍．断魂枪［M］．北京：中国工人出版社，2012.）

老舍《阳光》（老舍．断魂枪［M］．北京：中国工人出版社，2012.）

探究与讨论

1. 试分析何为"断魂"，沙子龙的"不传"意味着什么？

2. 谈谈本篇小说所蕴含的社会历史文化意义。

3. 结合龚自珍的诗句"万一禅关砉然破，美人如玉剑如虹"（《夜坐二首》），谈谈国术的内在精神境界。

第三章 技艺传承

第一节 文与可画筼筜谷偃竹记[1]

苏 轼[2]

本节导读

文同，字与可，梓潼郡永泰县（今属四川省绵阳市盐亭县）人，号笑笑居士、笑笑先生，人称石室先生，北宋著名画家、诗人。苏轼的表兄，善山水画，尤善画竹，开后世"湖州竹派"。宋神宗熙宁八年（1075），文同在洋州（今陕西洋县）当知州。筼筜谷在洋州西北（今属陕西），谷中多竹，文同曾在谷中筑庭。宋神宗元丰二年（1079）正月，文同病逝。七月，苏轼在湖州曝晒书画，看到文同赠予他的这幅《筼筜谷偃竹》遗作，遂写了这篇题记。苏轼先议"胸有成竹"的绘画理论，后叙二人交往趣事，再表悼念亡友之情，行文结构流畅，语言朴素自然，情感真挚。

竹之始生，一寸之萌耳[3]，而节叶具焉。自蜩腹蛇蚹以至于剑拔十寻者[4]，生而有之也。今画者乃节节而为之，叶叶而累之，岂复有竹乎？[5]故画竹必先得成竹于胸中，执笔熟视，乃见其所欲画者，急起从之，振笔直遂[6]，以追其所见，如兔起鹘落，少纵则逝矣。与可之教予如此。予不能然也，而心识其所以然。夫既心识其所以然，而不能然者，内外不一，心手不相应，不学之过也。故凡有见于中而操之不熟者，平居自视了然，而临事忽焉丧之，岂独竹乎？子由为《墨竹赋》以遗与可曰："庖丁，解牛者也，而养生者取之；轮扁，斫轮者也[7]，而读书者与之。今夫夫子之托于斯竹也，而予以为有道者则非邪？"子由未尝画也，故得其意而已。若予者，岂独得其意，并得其法。

与可画竹，初不自贵重，四方之人持缣素而请者[8]，足相蹑于其门。与可厌之，投诸地而骂曰："吾将以为袜材。"士大夫传之，以为口实。及与可自洋州还，而余为徐州。与可以书遗余曰："近语士大夫，吾墨竹一派，近在彭城，可往求之。袜材当萃于子矣[9]。"

书尾复写一诗，其略云："拟将一段鹅溪绢[10]，扫取寒梢万尺长。"予谓与可："竹长万尺，当用绢二百五十匹，知公倦于笔砚，愿得此绢而已。"与可无以答，则曰："吾言妄矣。世岂有万尺竹哉？"余因而实之，答其诗曰："世间亦有千寻竹，月落庭空影许长。"与可笑曰："苏子辩则辩矣，然二百五十匹绢，吾将买田而归老焉。"因以所画筼筜谷偃竹遗予曰："此竹数尺耳，而有万尺之势。"筼筜谷在洋州，与可尝令予作洋州三十咏，《筼筜谷》其一也。予诗云："汉川修竹贱如蓬，斤斧何曾赦箨龙[11]。料得清贫馋太守，渭滨千亩在胸中。"与可是日与其妻游谷中，烧笋晚食，发函得诗，失笑喷饭满案。

元丰二年正月二十日，与可没于陈州。是岁七月七日，予在湖州曝书画，见此竹，废卷而哭失声。昔曹孟德祭桥公文，有"车过""腹痛"之语[12]。而予亦载与可畴昔[13]戏笑之言者，以见与可于予亲厚无间如此也。

📖 注释

[1] 筼筜（yún dāng）：生长在水边的竹子，竿粗大，竹节间距长。偃竹：风中仰斜的竹子。记：古代文体之一。唐宋之"记"偏重于建筑、器物与行踪。

[2] 苏轼（1037—1101）：眉州眉山（今四川省眉山市）人，祖籍河北栾城。字子瞻，号东坡居士，世称"苏东坡"，北宋杰出文学家、书法家、画家、美食家、治水名人。一生仕途坎坷，学识渊博，天资极高，诗文书画皆精。其文章纵横恣肆，诗歌清新豪健。与黄庭坚并称"苏黄"（诗）；与辛弃疾并称"苏辛"（词）；与欧阳修并称"欧苏"（文）；为"唐宋八大家"之一，与韩愈、柳宗元和欧阳修合称"千古文章四大家"；与黄庭坚、米芾、蔡襄并称"宋四家"（书法）。代表作有《苏东坡集》《东坡易传》《东坡乐府》《潇湘竹石图卷》《古木怪石图卷》等。

[3] 萌：嫩芽。

[4] 蜩（tiáo）腹：蝉的肚皮。蛇蚹：蛇腹下的横鳞。

[5] 复：还。

[6] 遂：成。

[7] 轮扁（piān），斫（zhuó）轮者也：《庄子·天道》载，桓公在堂上读书，轮扁在堂下斫轮，轮扁停下工具，说桓公所读的书都是古人的糟粕，桓公责问其由。轮扁说，臣斫轮"不徐不疾，得之于手而应于心，口不能言，有数存焉于其间"，却无法用口传授给别人。斫，雕斫。

[8] 缣（jiān）素：供书画用的白色细绢。

[9] 袜材当萃于子矣：谓求画的细绢当聚集到你处。

[10] 鹅溪：地名，在今四川盐亭县西北，附近产名绢，称鹅溪绢，宋人多用以作书画材料。

[11] 箨（tuò）龙：指竹笋。

[12] 曹孟德祭桥公文：指曹操祭好友桥玄的祭文。"车过""腹痛"：操祭文中，所

提起的当年二人的戏笑之语。曹操年少时不为人所器重，而桥玄却很赏识他。桥玄死后，曹操有次行军经过桥玄的故乡睢阳，曾遣使致祭桥玄，并作《祀故太尉桥玄文》，文中说："承从容约誓之言：'殂逝之后，路有经由，不以斗酒只鸡过相沃酹，车过三步，腹痛勿怪。'虽临时戏笑之言，非至亲之笃好，胡肯为此辞乎？"苏轼以此典比喻自己与文与可的情谊笃厚。

［13］畴昔：从前。

文章评说

逸情妙蕴谡谡，然流于楮墨之外。苏子瞻尝作墨竹，从地一直起至顶，余问：何不逐节分？曰：竹生时，何会逐节生？运思清拔，出于文同与可。自谓与文括一香，以墨深为面，淡为背，自与可始也，作成林竹甚精。

——宋·米芾《东坡养生集》

戏笑成文。

——明·郑之惠《苏长公合作》

《文与可画筼筜谷偃竹记》自画法说起，而叙事错列，见与可竹法之妙，而公与可之情，尤最厚也。笔端出没，却是仙品。

——明·杨慎《三苏文范》中引用邱浚的评论

此篇洒脱轻灵，如行云流水，触处生机，以诙谐写沉痛，以洒脱状深情，非惟见东坡之高才，更是见东坡之至情的妙文。

——现代·陶文鹏《苏轼集》

推荐阅读

韩愈《祭十二郎文》（韩愈.昌黎先生集［M］.上海：上海科学技术出版社，2014.）
苏轼《东坡志林》（苏轼.东坡志林［M］.扬州：江苏广陵书社有限公司，2011.）
苏轼《潇湘竹石图》（李一冰，后浪.苏东坡新传［M］.成都：四川人民出版社，2000.）

探究与讨论

1. 作者引用了哪些诗文和典故？
2. 作者是如何表达对文与可的哀思的？
3. 文中出现了哪些成语？你还知道哪些成语与苏轼有关？

第二节　口　技

蒲松龄[1]

本节导读

　　《聊斋志异》是蒲松龄的文言短篇小说集，该书艺术形式奇绝，取法六朝志怪的设幻造奇，借鉴唐传奇委婉细腻的描写、叙事技巧，以及史传文学刻画人物、品评事件的方法，文采斐然，生动传神，"用传奇法，而以志怪"。作品具有强烈的抒情性和浓烈的故事性，文字中充满真善美的深沉底蕴，饱含超越世俗的悲悯情怀。

　　村中来一女子，年二十有四五，携一药囊，售其医。有问病者，女不能自为方。俟暮夜问诸神。晚洁斗室，闭置其中。

　　众绕门窗，倾耳寂听，但窃窃语，莫敢欬。内外动息俱冥[2]。至夜许，忽闻帘声。女在内曰："九姑来耶？"一女子答云"来矣。"又曰："腊梅从九姑来耶？"似一婢答云："来矣。"三人絮语间杂，刺刺[3]不休。俄闻帘钩复动，女曰："六姑至矣。"乱言[4]曰："春梅亦抱小郎子来耶？"一女曰："拗哥子[5]！呜呜[6]不睡，定要从娘子来。身如百钧[7]重，负累煞人！"旋闻女子殷勤声、九姑问讯声、六姑寒暄声、二婢慰劳声、小儿喜笑声，一齐嘈杂。即闻女子笑曰："小郎君亦大好耍，远迢迢抱猫儿来。"既而声渐疏。帘又响，满室俱哗，曰："四姑来何迟也？"有一小女子细声答曰："路有千里且溢[8]，与阿姑走尔许时始至。阿姑行且缓。"遂各各道温凉[9]声，并移坐声、唤添坐声，参差并作，喧繁满室，食顷[10]始定。即闻女子问病，九姑以为宜得参[11]，六姑以为宜得芪[12]，四姑以为宜得术[13]。参酌移时，即闻九姑唤笔砚。无何，折纸戗戗然[14]，拔笔掷帽丁丁然[15]，磨墨隆隆然。既而投笔触几，震震作响，便闻撮药包裹苏苏然[16]。顷之，女子推帘，呼病者授药并方。反身入室，即闻三姑作别，三婢作别，小儿哑哑，猫儿唔唔，又一时并起。九姑之声清以越[17]，六姑之声缓以苍[18]，四姑之声娇以婉[19]，以及三婢之声，各有态响，听之了了可辨。群讶以为真神，而试其方，亦不甚效。此即所谓口技，特借之以售其术耳。然亦奇矣！

　　昔王心逸[20]尝言：在都偶过市廛[21]，闻弦歌声，观者如堵。近窥之，则见一少年曼声度曲[22]。并无乐器，惟以一指捺颊际，且捺且讴，听之铿铿，与弦索无异[23]。亦口技之苗裔也。

注释

　　[1] 蒲松龄（1640—1715）：字留仙，一字剑臣，别号柳泉居士，世称聊斋先生，山东淄川蒲家庄人。清代著名小说家，著有传奇小说集《聊斋志异》。

［2］冥：沉寂。

［3］刺刺：多言的样子。

［4］乱言：人说话的声音互相交错。

［5］拗哥子：犟小子。

［6］呜呜：抚摸轻拍孩子睡觉的时候发出的声音。

［7］百钧：钧为古代重量单位，一钧约为现在的十五千克。这里百钧是夸张的说法。

［8］千里且溢：超出了一千里，比一千里还多。

［9］道温凉：问候寒暄。

［10］食顷：一顿饭的工夫。

［11］参：人参。

［12］芪：黄芪。

［13］术（zhú）：苍术或白术。

［14］戢戢然：折纸的声音。

［15］丁丁然：毛笔铜帽落地撞击的声音。

［16］苏苏然：簌簌然，摩擦声。

［17］清以越：清脆而激越高昂。

［18］缓以苍：缓慢而苍老。

［19］娇以婉：娇细而婉转。

［20］王心逸：名德昌，字历长。清朝长山人。顺治年间进士。

［21］市廛（chán）：市集。

［22］曼声度曲：以舒缓的音调唱歌。

［23］弦索：弦乐器上的弦。这里代指乐器。

文章评说

当代小说家言，定以此书第一。

聊斋非独文笔之佳，独有千古，第一议论醇正，准情酌理，毫无可驳。如名儒讲学，如老僧谈禅，如乡曲长者读诵劝世文，观之实有益于身心，警戒顽愚。至说到忠孝节义，令人雪涕，令人猛醒，更为有关世教之书。

——清·冯镇峦《读聊斋杂说》

亦以空前绝后之作，使唐人见之，自当把臂入林，后来作者，宜其搁笔耳。

——清·陈廷机《聊斋志异·序》

訾其有唐人传奇之详，又杂以六朝志怪者之简，既非自叙之文，而尽描写之致。

——鲁迅《中国小说史略》

《偷桃》《口技》描写了当时卓越的民间技艺，表现了我国人民高度的艺术创造才能。

——游国恩《中国文学史》

推荐阅读

蒲松龄《聊斋志异》（蒲松龄．聊斋志异［M］．北京：中华书局，2015.）

冯镇峦《读聊斋杂说》（冯镇峦．评《聊斋志异》：冯镇峦批评本［M］．长沙：岳麓书社，2011.）

纪晓岚《阅微草堂笔记》（纪晓岚．阅微草堂笔记［M］．北京：中华书局，2014.）

探究与讨论

1. 第一则口技与第二则口技不同，"听众"并未见表演者的表演，只闻其声不见其人，但仍然引人入胜，"群讶以为真神"，请分析能达到这样"表演"效果的原因。

2. 第一则口技中，口技并不是用来表演，而是为了卖药。蒲松龄对这则故事的态度是什么？你呢？

3. 第二则口技中，作者借"王心逸尝言"开头的原因是什么？请结合《聊斋志异》的其他内容，思考讨论中国古代的小说观念与作者的创作观。

第三节　中国建筑常识（节选）

林徽因

本节导读

林徽因（1904—1955），祖籍福建闽侯（今福建福州），出生于浙江杭州。中国著名作家，中国第一位女性建筑学家，"中国现代文化史上的杰出女性"。在中华人民共和国国徽设计、人民英雄纪念碑设计和景泰蓝工艺革新等方面做出了贡献，著有《林徽因诗集》《林徽因文集》。

林徽因的著作中，建筑学家的科学精神和作家的文学气质糅合得浑然一体。她的学术论文和调查报告，不仅有严谨的科学内容，而且用诗一般的语言描绘和赞美祖国古建筑在技术和艺术方面的精湛成就，使文章充满诗情画意。本篇文章是林徽因所著《中国建筑常识》的节选，讲述了中国建筑发展历史的第四个阶段，内容科学严谨，文字清新凝练，将专业知识、美学思想熔铸于散文的讲述之中，既可以看作资深建筑学家的学术文章，也可以当成著名散文家有关建筑的优美篇章。

第四阶段——晋·南北朝·隋

（公元二六五—六一八年）

六朝的建筑是衔接中国历史上两个伟大文化时期——汉代与唐代的——桥梁，也是这两时期建筑不同风格急剧转变的关键。它是由汉以来旧的、原有的生活习惯、思想意识和新的社会因素，精神上和物质上剧烈的新要求由矛盾到统一过程中的产物。产生这新转变的社会背景主要有三个因素：一是北方鲜卑、羌等胡族占据中原——所谓"五胡乱华"在中国政治经济和文化上所起的各种复杂的变化。二是汉族的统治阶级士族豪门带了大量有先进技术的劳动人民大举南渡，促进了南方经济和文化的发展。三是在晋以前就传入的佛教这时在中国普遍传播和盛行，全国上下的宗教热忱成了建筑艺术的动力。新的民族的渗入，新的宗教思想上的要求，和随同佛教由西域进来的各种新的艺术影响，如中亚、北印度、波斯和希腊的各种艺术和各种作风，不但影响了当时中国艺术的风尚手法，并且还发展了许多新的，前所未有的建筑类型及其附属的工艺美术。刻佛像的摩崖石窟，有佛殿、经堂的寺院组群，多层的木造的和砖石造的佛塔，以及应用到世俗建筑上去的建筑雕刻，如陵墓前石柱、石兽和建筑上装饰纹样等，就都是这时期创造性的发展。

寺院组群和高耸的塔在中国城市和山林胜景中的出现划时代地改变了中国地方的面貌。千余年来大小城市，名山胜景，其形象很少没有被一座寺院或一座塔的侧影所丰富了的。南北朝就是这种建筑物的创始时期。当时宗教艺术是带有很大群众性的。它们不同于宫廷艺术为少数人所独占，而是人人得以观赏的精神食粮，因此在人民中间推动了极大的创造性。

北魏统治者是鲜卑族，尊崇佛教的最早的表现方法之一是在有悬崖处开凿石窟寺。在第五世纪后半叶中，开凿了大同云冈大石窟寺。最初或有西域僧人参加，由刻像到花纹都带着浓重的西域或印度手法风格。但由石刻上看当时的建筑，显然完全是中国的结构体系，只是在装饰部分吸取了外来的新式样。北魏迁都到洛阳，又在洛阳开造龙门石窟。龙门石窟中不但建筑是原来中国体系的，就是雕刻佛像等等，也有强烈的汉代传统风格。表现的手法很明显是在汉朝刻石的基础上发展起来的。在敦煌石窟壁画上所见也证明在木构建筑方面，当时澎湃的外来的艺术影响并没有改变中国原有的结构方法和分配的规律。佛教建筑只是将中国原有的结构加以创造性的应用和发展来解决新问题。最明显的例子就是塔和佛殿。

当时的塔基本上是汉代的"重楼"，也就是多层的小楼阁，顶上加以佛教的象征物——即有"覆钵"和"相轮"等称做"刹"的部分。这原是个缩小的印度墓塔（中国译音称做"窣堵坡"或"塔婆"）。当时匠人只将它和多层的小楼相结合，作为象征物放在顶部。至于寺院里的佛殿，和其他非宗教的中国庭院殿堂的构造根本就没有分别。为了内容的需要，革新的部分只在殿堂内部的布置和寺院组群上的分配。

这时期最富有创造性而杰出的建筑物应提到嵩山嵩岳寺砖塔。在造型上，它是中国建筑第一次，也是唯一的一次试用十二角形的平面来代替印度窣堵坡的圆形平面，用高高的基座和一段塔身来代表"窣堵坡"的基座和"覆钵"（半球形的塔身），上面十五层密密的中国式出檐代表着"窣堵坡"顶上的"刹"。不但这是一个空前创作，而且在中国的建筑中，也是第一个砖造的高度达到近乎四十米的高层建筑，它标志着在砖石结构的工程技术上飞跃的向前跨进了一大步。

南北朝最通常的木塔现在国内已没有实物存在了。北魏杨衒之在《洛阳伽蓝记》中详尽地叙述了塔寺林立的洛阳城。一个坡中，竟有大小一千余个寺庙组群和几十座高耸的佛塔。那景象是我们今天难以想象的。木塔中最突出的是永宁寺的胡太后塔：四角九层，每层有绘彩的柱子，金色的斗棋，朱红金钉的门扇，刹上有"宝瓶"和三十层金盘。全塔架木为之，连刹高"一千尺"，在"百里之外"已可看见。它在城市的艺术造型上无疑的是起着巨大作用的高耸建筑物。即使高度的数字是被夸大了或有错误，但它在木结构工程上的高度成就是无可置疑的。这种木塔的描写，和日本今天还保存着若干飞鸟时代（隋）的实物在许多地方极为相近。云冈石窟中雕刻的范本和这木构塔的描写基本上也是一致的。

当隋统一中国之前，南朝"金粉地"的建康，许多侈丽的宫殿，毁了又建，建了又毁，说明南朝更迭五个朝代，统治者内部政治局势的动荡不定。但统治阶级总是不断地驱使劳动人民为他们兴建豪华的宫殿的。在艺术方面，虽在政治腐败的情况下，智慧的巧匠们仍获得很大的成就。统治者还掠夺人民以自己的热情投在宗教建筑上的艺术作品去充实他们华丽的宫苑。齐的宫殿本来已到"穷极绮丽"的程度，如"遍饰以金壁，窗间尽画神仙，……椽桷之端悉垂铃佩，……又凿金为莲花以帖地"等等，他们还嫌不足，又"剔取诸寺佛刹殿藻井、仙人、骑兽以充足之"。从今天所仅存的建筑附属艺术实物看来，如南京齐、梁陵墓前面，劲强有力，富于创造性的石柱和百兽等，当时南朝在木构建筑上也不可能没有解决新问题的许多革新和创造。

到了隋统一全国后，宫廷就占有南北最优秀的工艺匠人。杨广（隋炀帝）的大兴土木，建东京洛阳，营西苑时期，就有迹象证明在建筑上摹仿了南朝的一些宫苑布局，南方的艺匠在其中也起了很大作用。凿运河通江南，建造大量华丽有楼殿的大船时，更利用了江南木工，尤其是造船方面的一切成就。在此之前，杨坚（文帝）曾诏天下诸州各立舍利塔，这种塔大约都是木造的，今虽不存，但可想见这必然刺激了当时全国各地方普遍的创造。

在石造建筑方面，北魏、北周、北齐都有大胆的创造，最丰富的是各个著名的石窟寺的附属部分。也就是在这时期一位天才石匠李春给我们留下了可称世界性艺术工程遗产的河北赵县的大石桥。中国建筑艺术经过这样一段新鲜活泼的路程，便为历史上文艺最辉煌的唐代准备了优越的条件。

文章评说 📖

　　林徽因是近代著名建筑设计专家，她用自己独特的艺术表现手法，融会贯通中西方建筑语言，为我们设计出影响后世、启迪中国建筑领域设计思想的建筑艺术。

——姚璐《试论林徽因对中国建筑设计的贡献》

　　林徽因运用了由古罗马建筑师维特鲁威（Marcus Vitruvius Polio）所定义的也是国际所公认的建筑审美三项基本原则"实用、坚固、美观"来评价中国的传统建筑体系。并明确声明"中国建筑不容疑义的曾经包含过以上三种要素"。这是以中文首次运用这一国际建筑学公认的原则来评审中国建筑，就此国际的建筑学术理论与中国的传统建筑体系发生了直接的关系，其理论上的价值必然是极大的。

——赵辰《作为中国建筑学术先行者的林徽因》

推荐阅读 📚

　　林徽因《你是人间四月天：林徽因诗集》（林徽因．你是人间四月天：林徽因诗集 [M]．北京：人民文学出版社，2020．）

　　秦佑国《中国第一位女建筑学家林徽因》（秦佑国．中国第一位女建筑学家林徽因 [J]．世界建筑，2007（11）．）

　　赵辰《作为中国建筑学术先行者的林徽因》（赵辰．作为中国建筑学术先行者的林徽因 [J]．建筑史，2005（1）．）

探究与讨论 📁

1. 结合本文，谈谈中国古代建筑所蕴含的民族文化。
2. 中国建筑的历史发展对当今建筑文化的影响有哪些？
3. 举例谈谈家乡标志性建筑的历史文化意义。

第四章　感悟自然

第一节　超然台记[1]

苏　轼

本节导读

　　北宋神宗年间，朝廷为挽救积贫积弱的局面而推进王安石变法，变法多有激进之举，苏轼因之多次上书神宗，为新党所不容，被排挤出朝廷。先任开封府推官，继任杭州通判，熙宁七年（1074）改任密州太守。经一系列治理，到任第二年当地政局初定，他才开始治园圃、洁庭宇。密州北城上有一旧台，修葺一新，弟苏辙取名"超然"，并作《超然台赋并叙》，苏轼写就此篇以记之。全记紧扣一"乐"字，以论说哲理发端，接以叙整治旧台、登台眺远、四望风景之事，末以思古慨今、发超然物外之想，合台名"超然"之意。文章虚实结合，层次分明。

　　凡物皆有可观。苟有可观，皆有可乐，非必怪奇伟丽者也。哺糟啜醨[2]，皆可以醉。果蔬草木，皆可以饱。推此类也，吾安往而不乐？

　　夫所为求福而辞祸者，以福可喜而祸可悲也。人之所欲无穷，而物之可以足吾欲者有尽，美恶之辨[3]战乎中[4]，而去取之择交乎前，则可乐者常少，而可悲者常多。是谓求祸而辞福。夫求祸而辞福，岂人之情也哉？物有以盖[5]之矣。彼游于物之内，而不游于物之外。物非有大小也，自其内而观之，未有不高且大者也。彼挟其高大以临我，则我常眩乱反覆。如隙中之观斗，又乌[6]知胜负之所在？是以美恶横生，而忧乐出焉，可不大哀乎！

　　余自钱塘移守胶西[7]，释[8]舟楫之安，而服[9]车马之劳；去雕墙之美[10]，而庇[11]采椽之居[12]；背[13]湖山之观，而行桑麻之野。始至之日，岁比不登[14]，盗贼满野，狱讼充斥，而斋厨索然，日食杞菊[15]。人固疑余之不乐也。处之期年[16]，而貌加丰，发之白者，日以反黑。予既乐其风俗之淳，而其吏民亦安予之拙也。于是治其园圃，洁其庭宇，伐安丘、高密[17]之木，以修补破败，为苟全之计。而园之北，因城以为台者旧矣，稍葺而新之。

时相与登览，放意肆志焉。南望马耳、常山[18]，出没隐见，若近若远，庶几有隐君子乎？而其东则庐山[19]，秦人卢敖[20]之所从遁也。西望穆陵[21]，隐然如城郭，师尚父[22]、齐威公[23]之遗烈[24]，犹有存者。北俯潍水[25]，慨然太息，思淮阴[26]之功，而吊其不终。台高而安，深而明，夏凉而冬温。雨雪之朝，风月之夕，予未尝不在，客未尝不从。撷[27]园蔬，取池鱼，酿秫酒[28]，瀹[29]脱粟[30]而食之，曰："乐哉！游乎！"

予弟子由[31]，适在济南，闻而赋之，且名其台曰"超然"。以见余之无所往而不乐者，盖游于物之外也。

注释

[1] 记：古代文体之一。唐宋之"记"偏重于建筑、器物与行踪。

[2] 铺（bū）糟啜醨：铺，食。糟，酒糟。啜，喝。醨：薄酒。

[3] 辨：辨别。

[4] 中：内心。

[5] 盖：遮盖，遮掩。

[6] 乌：怎么。

[7] 余自钱塘移守胶西：神宗熙宁三年（1070），苏轼从钱塘调任密州（今山东诸城）知州。

[8] 释：放弃。

[9] 服：忍受。

[10] 雕墙之美：华丽的居室。

[11] 庇：栖居。

[12] 采椽之居：简陋的房屋。

[13] 背：离开。

[14] 岁比不登：连年歉收。

[15] 杞菊：泛指野菜。

[16] 期年：一周年。

[17] 安丘、高密：密州二县名。

[18] 马耳、常山：密州城南二山名。

[19] 庐山：本名故山，在密州城东，因卢敖而得名。

[20] 卢敖：秦朝博士，为秦始皇求不死之药不成，逃至庐山。

[21] 穆陵：关名，在山东临朐县大关乡与沂水县马站镇边界处的沂水境内。

[22] 师尚父：吕尚，姜太公。

[23] 齐威公：即齐桓公，春秋五霸之一。

[24] 遗烈：先辈遗留的功业。

[25] 潍水：今潍河，出自山东簸箕屋山。

[26] 淮阴：淮阴侯韩信。在潍水西岸，曾破二十万楚军。

[27] 撷：摘。

[28] 秫酒：高粱酒。

[29] 瀹（yuè）：煮。

[30] 脱粟：去皮的糙米。

[31] 子由：苏轼弟苏辙之字，当时在齐州（今山东济南市）任职。

文章评说

子瞻本色。与《凌虚台记》，并本之庄生。

——明·茅坤《唐宋八大家文钞·卷二十五》

台名超然，作文不得不说入理路去，凡小品文字说到理路，最难透脱。此握定无往不乐一语，归根于游物之外，得南华逍遥大旨，便觉愉然自远。其登台四望一段，从习凿齿与桓秘书脱化而出。与凌虚台同一机轴。

——清·林云铭《古文析义·卷十三》

台名超然，看他下笔便直取"凡物"二字，只是此二字已中题之要害。便以下横说竖说自说他，无不纵心如意也。须知此文手法超妙。全从《庄子·达生》《至乐》等篇取气来。

——清·金圣叹《天下才子必读书·卷十五》

推荐阅读

庄子《齐物论》（方勇 . 庄子 [M]. 北京：中华书局，2015.）

苏辙《超然台赋并叙》（高宏天，高秀芳 . 苏辙集 [M]. 北京：中华书局，2017.）

苏轼《凌虚台记》（孙凡礼 . 苏轼文集 [M]. 北京：中华书局，1986.）

探究与讨论

1. 本文以"一字立骨法"构架全文，请指出立骨之字，并分析本文四个段落的内容及与这"一字"的关系。

2. 登临超然台，作者登台四望抚今怀古，聚众多历史人物于笔端，请分析作者用意。

3. 本文反映了作者超然达观的人生态度，请谈谈你对这一态度的思考。

第二节　满井游记[1]

袁宏道[2]

本节导读

　　明万历二十六年（1598），哥哥袁宗道写信让袁宏道进京。次年，袁宏道由顺天府教授升为国子监助教，这年的早春二月，他和几个好友一起游览了京郊的满井，心情愉悦，作此文。

　　这篇游记描写了北国早春气象，抓住了水、山、野的景色，以点带面写活了满井初春的气息。作者从不见春到探春，再到赏春，既传达出山川景物之神，又洋溢着作者悠然神往的情感，表现了作者厌弃喧嚣尘俗的城市生活、寄意于山川草木的潇洒情怀。文字清新恬静，表达了对春回大地的喜悦，也表现出了作者旷达乐观的人生态度。

　　燕地寒，花朝节[3]后，余寒犹厉。冻风时作；作则飞沙走砾。局促一室之内，欲出不得；每冒风驰行，未百步辄返。

　　廿二日，天稍和[4]，偕数友出东直，至满井。高柳夹堤，土膏[5]微润；一望空阔，若脱笼之鹄[6]。于时冰皮始解，波色乍明，鳞浪层层，清澈见底，晶晶然如镜之新开而冷光之乍出于匣也。山峦为晴雪所洗，娟然[7]如拭。鲜妍明媚，如倩女之靧面而髻鬟之始掠也[8]。柳条将舒未舒，柔梢披风，麦田浅鬣寸许。游人虽未盛，泉而茗者，罍[9]而歌者，红装而蹇[10]者，亦时时有。风力虽尚劲，然徒步则汗出浃背。凡曝沙之鸟，呷浪之鳞，悠然自得；毛羽鳞鬣[11]之间，皆有喜气。始知郊田之外，未始无春，而城居者未之知也。

　　夫不能以游堕[12]事，而潇然于山石草木之间者，惟此官也。而此地适与余近，余之游将自此始，恶能无纪？己亥之二月也。

注释

　　[1]满井：明清时期北京东北角的一个游览地，因有一口古井，"井高于地，泉高于井，四时不落"，所以叫"满井"。

　　[2]袁宏道（1568—1610）：荆州公安（今属湖北公安）人。字中郎，又字无学，号石公，又号六休。明代文学家，反对"文必秦汉，诗必盛唐"的风气，提出"独抒性灵，不拘格套"的性灵说。与袁宗道、袁中道合称为"公安三袁"，是"公安派"的杰出代表。代表作有《袁中郎全集》《徐文长传》《袁中郎集笺校》。

　　[3]花朝节：旧时据说农历二月十二日是百花生日。

［4］和：暖和。

［5］膏：肥沃。

［6］鹄：鸟类，全身白色，俗称天鹅。

［7］娟然：秀丽美好的样子。

［8］倩：美好。靧（huì）：洗脸。掠：梳理。

［9］罍（léi）：酒杯。

［10］蹇（jiǎn）：驴。

［11］鬣：指马一类的大动物。

［12］堕（huī）：妨碍，耽误。

文章评说

古人记山水手，太上郦道元，其次柳子厚，近时则袁中郎。

——明·张岱《琅嬛文集·跋寓山注其二》

率真则性灵显，性灵显则趣生。

——明·陆云龙《叙袁中郎先生小品》

而出自灵窍，吐于慧舌，写于锐颖，萧萧冷冷，皆足以荡涤尘情，消除热恼。

——清·袁中道《袁中郎先生全集·序》

由于重视"性灵"或"性情"，袁宏道并不怎样强调"学问""意见"或"理"，而特别强调了自然天真或自然趣味。

——游国恩《中国文学史》

推荐阅读

袁宏道《虎丘记》（陈振鹏，章培恒. 古文鉴赏辞典下 ［M］. 上海：上海辞书出版社，2014.）

袁宏道《晚游六桥待月记》（杭州大学中文系《古文类选》编注组. 古文类选 ［M］. 杭州：浙江教育出版社，1984.）

张岱《湖心亭看雪》（张岱. 陶庵梦忆西湖梦寻 ［M］. 郑州：中州古籍出版社，2012.）

探究与讨论

1. 本文运用了哪些修辞手法？举例说明。

2. 本文如何体现了"独抒性灵，不拘格套"的特点？

3. 阅读《岳阳楼记》《小石潭记》，比较《满井游记》与它们的不同。

第三节　茶花赋

杨　朔

本节导读

　　杨朔（1913—1968），原名杨毓瑨，山东蓬莱人。1937 年开始写作，1956 年开始走向诗化型散文文体的写作道路。主要作品有散文集《海市》《亚洲日出》《东风第一枝》等。在"以诗为文"的写作理论指导下，其诗化型散文文体构思的核心就是竭力寻求情景交融的诗的意境。《茶花赋》借歌咏春天茶花之美和栽培好花的能工巧匠，赞颂了祖国欣欣向荣的生活面貌和致力于祖国建设的劳动人民。

　　久在异国他乡，有时难免要怀念祖国的。怀念极了，我也曾想：要能画一幅画儿，画出祖国的面貌特色，时刻挂在眼前，有多好。我把这心思去跟一位擅长丹青的同志商量，求她画，她说："这可是个难题，画什么呢？画点零山碎水，一人一物，都不行。再说，颜色也难调，你就是调尽五颜六色，又怎么画得出祖国的面貌？"我想了想，也是，就搁下这桩心思。

　　今年二月，我从海外回来，一脚踏进昆明，心都醉了。我是北方人，论季节，北方也许正是搅天风雪，水瘦山寒，云南的春天却脚步儿勤，来得快，到处早像催生婆似的正在催动花事。

　　花事最盛的去处数着西山华庭寺。不到寺门，远远就闻见一股细细的清香，直渗进人的心肺。这是梅花，有红梅、白梅、绿梅，还有朱砂梅，一树一树的，每一树梅花都是一树诗。白玉兰花略微有点儿残，娇黄的迎春却正当时，那一片春色啊，比起滇池的水来不知还要深多少倍。

　　究其实这还不是最深的春色。且请看那一树，齐着华庭寺的廊檐一般高，油光碧绿的树叶中间托出千百朵重瓣的大花，那样红艳，每朵花都像一团烧得正旺的火焰。这就是有名的茶花。不见茶花，你是不容易懂得"春深似海"这句诗的妙处的。

　　想看茶花，正是好时候。我游过华庭寺，又冒着星星点点缀雨游了一次黑龙潭，这都是看茶花的名胜地方。原以为茶花一定很少见，不想在游历当中，时时望见竹篱茅屋旁边会闪出一枝猩红的花来。听朋友说："这不算稀奇。要是在大理，差不多家家户户都养茶花，花期一到，各样品种的花儿争奇斗艳，那才美呢。"

　　我不觉对着茶花沉吟起来。茶花是美啊。凡是生活中美的事物都是劳动创造的。是谁白天黑夜，积年累月，拿自己的汗水浇着花，像抚育自己儿女一样抚育着花秧，终于培养出这样绝色的好花？应该感谢那为我们美化生活的人。

普之仁就是这样一位能工巧匠，我在翠湖边上会到他。翠湖的茶花多，开得也好，红彤彤的一大片，简直就是那一段彩云落到湖岸上。普之仁领我穿着茶花走，指点着告诉我这叫大玛瑙，那叫雪狮子，这是蝶翅，那是大紫袍……名目花色多得很。后来他攀着一棵茶树的小干枝说："这叫童子面，花期迟，刚打骨朵，开起来颜色深红，倒是最好看的。"

我就问："古语说'看花容易栽花难'——栽培茶花一定也很难吧？"

普之仁答道："不很难，也不容易。茶花这东西有点特性，水壤气候，事事都得细心。又怕风，又怕晒，最喜欢半阴半阳，顶讨厌的是虫子。有一种钻心虫，钻进一条去，花就死了。一年四季，不知得操多少心呢。"

我又问道："一棵茶花活不长吧？"

普之仁说："活得可长啦。华庭寺有棵松子鳞，是明朝的，五百多年了，一开花，能开一千多朵。"

我不觉噢了一声：想不到华庭寺见的那棵茶花来历这样大。

普之仁误会我的意思，赶紧说："你不信吗？大理地面还有一棵更老的呢，听老人讲，上千年了，开起花来，满树数不清数，都叫万朵茶。树干子那样粗，几个人都搂不过来。"说着他伸出两臂，做个搂抱的姿势。

我热切地望着他的手，那双手满是茧子，沾着新鲜的泥土。我又望着他的脸，他的眼角刻着很深的皱纹，不必多问他的身世，猜得出他是个曾经忧患的中年人。如果他离开你，走进人丛里去，立刻便消逝了，再也不容易寻到他——他就是这样一个极其普通的劳动者。然而正是这样的人，整月整年，劳心劳力，拿出全部精力培植着花木，美化我们的生活。美就是这样创造出来的。

正在这时，恰巧有一群小孩也来看茶花，一个个仰着鲜红的小脸，甜蜜蜜地笑着，唧唧喳喳叫个不休。

我说："童子面茶花开了。"

普之仁愣了愣，立时省悟过来，笑着说："真的呢，再没有比这种童子面更好看的茶花了。"

一个念头忽然跳进我的脑子，我得到一幅画的构思。如果用最浓最艳的朱红，画一大朵含露乍开的童子面茶花，岂不正可以象征着祖国的面貌？我把这个简单的构思记下来，寄给远在国外的那位丹青能手，也许她肯再斟酌一番，为我画一幅画儿吧。

一九六一年

文章评说

杨朔散文致命的弱点恰在于"自我"的淡化，"主体意识"的隐蔽。他在认真地"改造"自己的同时也在痛苦地"消融"自己。

——刘锡庆、蔡渝嘉《当代艺术散文精选·序》

在杨朔的年月，寻常事物、日常生活在写作中已不具独立价值，只有寄寓或从中发现宏大的意义，才有抒写的价值。

——洪子诚《中国当代文学史》

推荐阅读

鲁峰《浅谈〈茶花赋〉的艺术构思》（鲁峰. 浅谈〈茶花赋〉的艺术构思［J］. 山东师院学报，1980（4）.）

刘延年《〈茶花赋〉论析》（刘延年.《茶花赋》论析［J］. 北京师范大学学报，1978（6）.）

杨朔《杨朔散文选集》（杨朔. 杨朔散文选集［M］. 天津：百花文艺出版社，2004.）

探究与讨论

1. 作者写山茶花，为何先写梅花、白玉兰、迎春？茶花寄寓了作者什么样的感情？
2. 谈谈普之仁在文中的作用。
3. 谈谈本文的艺术特色。

第五章　民俗风情

第一节　节日诗二首

本节导读

　　中国古代，人们崇尚自然、天人合一，在节日中慎终追远、固本思源。古代的节俗活动，清晰地记录着古人丰富多彩的社会生活内容，也积淀着博大精深的中国历史文化内容，体现了中国礼乐文明的深邃内涵。中国古诗中记录节日的诗歌不胜枚举。本篇所选的节日诗二首是唐代诗人在春节期间所作。第一首是新年第一天清晨，诗人心中不仅有辞旧迎新的喜悦，更有深刻的哲思。对过往的自己进行一番反省，是儒者的本色。第二首是新年的第七天，人们对女娲造人的纪念。在节日这一天，人们用彩纸金箔剪成人形，又造花胜互相赠送，还以七种菜蔬为羹，"并登高"赋诗。热闹非凡的节日与作者羁旅怀乡之思交错，结构巧妙，情思丰富。

元　朝

张　说[1]

今岁元日乐，

不谢[2]往年春。

知向来心[3]道，

谁为昨夜人。

人日[4]登南阳驿门亭子怀汉川诸友

孟浩然[5]

朝来登陟[6]处，不似艳阳时[7]。

异县殊风物，羁怀多所思。

剪花惊岁早，看柳讶春迟。

未有南飞雁，裁书欲寄谁。

注释

[1] 张说（yuè）（667—730）：唐代文学家、诗人、政治家。字道济，一字说之，洛阳人。与苏颋均主张"崇雅黜浮"，二人并称"燕许大手笔"。

[2] 谢：让。

[3] 来心：今日之心。

[4] 人日：正月初七日。古人以为从正月初一到初七依次为鸡、狗、猪、羊、牛、马、人的生日，人们在这一天剪人胜贴于屏风或戴到头鬓上。

[5] 孟浩然（689—740）：字浩然，号孟山人，襄州襄阳（今湖北襄阳）人，唐代著名的山水田园派诗人，世称"孟襄阳"。因他未曾入仕，又被称为"孟山人"。后人把他与王维并称为"王孟"，有《孟浩然集》传世。

[6] 登陟：登高。

[7] 不似艳阳时：指此地春天来得晚，春光不那么明媚。

文章评说

复忆襄阳孟浩然，清诗句句尽堪传。

——唐·杜甫《解闷十二首》

张说文思清新，艺能优洽。

——元·辛文房《唐才子传》

燕公大乎笔，奇变精出，不堕作家气，由其胸中无宿物。

——明·钟惺、谭元春《唐诗归》

燕公所乏者风韵，率以直勇自任。

——清·王夫之《唐诗评选》

推荐阅读

陈树千《节日里的诗歌盛宴》（陈树千. 节日里的诗歌盛宴［M］. 北京：中华书局，2019.）

葛兰言《古代中国的节庆与歌谣》（葛兰言. 古代中国的节庆与歌谣［M］. 北京：商务印书馆，2022.）

李松《节日研究》（张勃. 唐代节日研究［M］. 北京：中国社会科学出版社，2013.）

探究与讨论

1. 张说的《元朝》诗中，诗人在新年的欢乐之际，对旧岁深省反思。请探讨节日作为日常生活中一个特别时刻，对于人的意义。

2. 思乡一直是中国古代诗歌的重要主题，而节日让这样的情思显得更加醒目。你还能想到哪些佳节之时羁旅思乡的诗歌？

3. 从两首诗中我们可以看出，在重要的传统节日里人们遵循传统进行各具特色的民俗活动。你能谈谈节日中的民俗活动有何意义吗？你觉得保护我们中华民族节日民俗活动是否有实际意义和价值？

第二节　李有才板话（节选）

赵树理

本节导读

赵树理（1906—1970），原名赵树礼，出生在山西沁水县一个贫苦的农民家庭，自幼跟随父亲学习多种民间艺术。《小二黑结婚》是其成名之作，之后的《李有才板话》《李家庄的变迁》体现了《在延安文艺座谈会上的讲话》的精神，被树为"赵树理方向"。20世纪50年代创作了《登记》《三里湾》《锻炼锻炼》等，同时期以赵树理为中心形成了中国当代文学中一个重要的文学流派——"山药蛋"派。

中篇小说《李有才板话》（1943）以晋东南农村为背景，围绕阎家山村政权改选和减租政策施行，描写了农民与地主之间的斗争，塑造了农村中多种人物形象。本文节选的第一节在整个小说中起到引言的作用，描写了阎家山街道村舍的建筑格局，介绍了小说的中心人物李有才的特点、爱好等。

一、书名的来历

阎家山有个李有才，外号叫"气不死"。

这人现在有五十多岁，没有地，给村里人放牛，夏秋两季捎带看守村里的庄稼。他只是一身一口，没有家眷。他常好说两句开心话，说是"吃饱了一家不饥，锁住门也不怕饿死小板凳"。村东头的老槐树底下有一孔窑还有三亩地，是他爹给留下的，后来把地押给阎恒元，土窑就成了他的全部产业。

阎家山这地方有点古怪：村西头是砖楼房，中间是平房，东头的老槐树下是一排二三十孔土窑。地势看来也还平，可是从房顶上看起来，从西到东却是一道斜坡。西头住的都是姓阎的；中间也有姓阎的也有杂姓，不过都是些在地户；只有东头特别，外来的开荒的占一半，日子过倒霉了的杂姓，也差不多占一半，姓阎的只有三家，也是破了产卖了房子才搬来的。

李有才常说："老槐树底的人只有两辈——一个'老'字辈，一个'小'字辈。"这话也只是取笑：他说的"老"字辈，就是说外来的开荒的，因为这些人的名字除了闾长派差派款在条子上开一下以外，别的人很少留意，人叫起来只是把他们的姓上边加个"老"字，像老陈、老秦、老常……。他说的"小"字辈，就是其余的本地人，因为这地方人起乳名，常把前边加个"小"字，像小顺、小保……。可是西头那些大户人家，都用的是官名，有乳名别人也不敢叫——比方老村长阎恒元乳名叫"小囤"，别人不只不敢叫"小囤"，就是该说"谷囤"也只得说成"谷仓"，谁还好意思说出"囤"字来？一到了老槐树底，风俗大变，活八十岁也只能叫小什么，你就起上个官名也使不出去——比方陈小元前几年请柿子洼老先生给起了个官名叫"陈万昌"，回来虽然请闾长在闾账上改过了，可是老村长看账时候想不起这"陈万昌"是谁，问了一下闾长，仍然提起笔来给他改成陈小元。因为这种关系，老槐树底的本地人，终于还都是"小"字辈。李有才自己，也只能算"小"字辈人，不过他父母是大名府人，起乳名不用"小"字，所以从小就把他叫成"有才"。

在老槐树底，李有才是大家欢迎的人物，每天晚上吃饭时候，没有他就不热闹。他会说开心话，虽是几句平常话，从他口里说出来就能引得大家笑个不休。他还有个特别本领是编歌子，不论村里发生件什么事，有个什么特别人，他都能编一大套，念起来特别顺口。这种歌，在阎家山一带叫"圪溜嘴"，官话叫"快板"。

比方说：西头老户主阎恒元，在抗战以前年年连任村长，有一年改选时候，李有才给他编了一段快板道：

> 村长阎恒元，一手遮住天，
>
> 自从有村长，一当十几年。
>
> 年年要投票，嘴说是改选，
>
> 选来又选去，还是阎恒元。
>
> 不如弄块板，刻个大名片，
>
> 每逢该投票，大家按一按。
>
> 人人省得写，年年不用换，
>
> 用他百把年，管保用不烂。

恒元的孩子是本村的小学教员，名叫家祥，一九三〇年在县里的简易师范毕业。这人的相貌不大好看，脸像个葫芦瓢子，说一句话眨十来次眼皮。不过人不可以貌取，你不要以为他没出息，其实一肚肮脏计，谁跟他共事也得吃他的亏。李有才也给他编过一段快板道：

> 鬼眨眼，阎家祥，
>
> 眼睫毛，二寸长，

大腮蛋，塌鼻梁，

说句话儿眼皮忙。

两眼一忽闪，

肚里有主张，

强占三分理，

总要沾些光。

便宜占不足，

气得脸皮黄，

眼一挤，嘴一张，

好像母猪打哼哼！

像这些快板，李有才差不多每天要编，一方面是他编惯了觉着口顺，另一方面是老槐树底的年轻人吃饭时候常要他念些新的，因此他就越编越多。他的新快板一念出来，东头的年轻人不用一天就都传遍了，可是想传到西头就不十分容易。西头的人不论老少，没事总不到老槐树底来闲坐，小孩们偶尔去老槐树底玩一玩，大人知道了往往骂道："下流东西！明天就要叫你到老槐树底去住啦！"有这层隔阂，有才的快板就很不容易传到西头。

抗战以来，阎家山有许多变化，李有才也就跟着这些变化作了些快板，又因为作快板遭过难。我想把这些变化谈一谈，把他在这些变化中作的快板也抄他几段，给大家看看解个闷，结果就写成这本小书。

作诗的人，叫"诗人"，说作诗的话，叫"诗话"。李有才作出来的歌，不是"诗"，明明叫做"快板"，因此不能算"诗人"，只能算"板人"。这本小书既然是说他作快板的话，所以叫做《李有才板话》。

文章评说

除了和《小二黑结婚》一样采用小标题分段结构，叙述简洁明白有头有尾外，《李有才板话》还有一个特点，就是配合情节的发展，夹杂了大量假托李有才创作的清新活泼的快板词，从而强化了作品的泥土气息和民族化风格，所以小说名叫"李有才板话"。

——吴景明、韩晓芹《中国现代文学史》

在中短篇小说领域，赵树理是现代文学史上堪称文体家的一位。他深受我国传统小说和民间说唱艺术的影响，并将其创造性地加以改造，写出了一种"新评书体"的新小说样式。

——朱栋霖《中国现代文学史：1915—2020》（精编版）

推荐阅读

赵树理《李有才板话》（赵树理. 李有才板话 ［M］. 北京：人民文学出版社，2001.）

赵树理《小二黑结婚》（赵树理. 小二黑结婚 ［M］. 北京：文化发展出版社，2021.）

周扬《论赵树理的创作》（黄修己. 赵树理研究资料 ［M］. 太原：北岳文艺出版社，1985.）

探究与讨论

1. 阎家山有着怎样的民俗风情？试从建筑格局、人物语言及称谓等方面来分析。

2. 作者是怎样介绍李有才的？试分析李有才人物形象。

3. 文中的快板有什么作用？

第三节　吐鲁番情歌（三首）

闻　捷

本节导读

闻捷（1923—1971），原名赵文节，江苏丹徒人。1938 年初在武汉参加抗日救亡演剧活动；1940 年到延安陕北公学学习，同年从事文学创作；1949 年随军进入新疆，后任新华社新疆分社社长。代表作有诗集《天山牧歌》和叙事诗《复仇的火焰》。

《吐鲁番情歌》是闻捷于 1952 至 1954 年在新疆工作时创作的，包括五首诗：《苹果树下》《葡萄成熟了》《夜莺飞去了》《舞会结束以后》《种瓜姑娘》。1955 年年初载于《人民文学》，1956 年闻捷出版了他的第一部诗集《天山牧歌》，组诗《吐鲁番情歌》被选入其中。《天山牧歌》几经出版发行，有的版本中组诗《吐鲁番情歌》中增加了《金色麦田》《告诉我》两首诗。本文选入的三首诗，以民族化、大众化的风格表现爱情，既是纯净的又是健康的。

苹果树下

苹果树下那个小伙子，

你不要，不要再唱歌；

姑娘沿着水渠走来了，

年轻的心在胸中跳着。

她的心为什么跳呵？
为什么跳得失去节拍？……

春天，姑娘在果园劳作，
歌声轻轻从她耳边飘过，
枝头的花苞还没有开放，
小伙子就盼望它早结果。
奇怪的念头姑娘不懂得，
她说：别用歌声打扰我！
小伙子夏天在果园度过，
一边劳动，一边把姑娘盯着。
果子才结得葡萄那么大，
小伙子就唱着赶快去采摘。
满腔的心思，姑娘猜不着，
她说：别像影子一样缠着我！

淡红的果子压弯绿枝，
秋天是一个成熟季节，
姑娘整夜整夜地睡不着，
是不是挂念那树好苹果？
这些事小伙子应该明白，
她说：有句话你怎么不说？

……苹果树下那个小伙子，
你不要，不要再唱歌。
姑娘踏着草坪过来了，
她的笑容里藏着什么……
说出那句真心话吧！
种下的爱情已经收获！

舞会结束以后

深夜，舞会结束以后，
忙坏年轻的琴师和鼓手。
他们伴随吐尔地汗回家，
一个在左，一个在右。

琴师踩得落叶沙沙响，
他说："葡萄吊在藤架上，
我这颗忠诚的心呵，
吊在哪位姑娘辫子上？"

鼓手碰得树枝哗哗响，
他说："多少聪明的姑娘，
他们一生的幸福呵，
就决定在古尔邦节[1]晚上。"

姑娘心里想着什么？
她为什么一声不响？
琴师和鼓手闪在姑娘背后，
嘀咕了一阵又慌忙追上。

"你心里千万不要为难，
三弦琴和手鼓由你挑选。……"
"你爱听我敲一敲手鼓？"
"还是爱听我拨动琴弦？"

"你的鼓敲得真好，
年轻人听见就想尽情地跳；
你的琴弹得真好，
连夜莺都羞得不敢高声叫。"

琴师和鼓手困惑地笑了，
姑娘的心难以捉摸到！
"你到底爱琴还是爱鼓？
你难道没有做过比较？"

"去年的今天我就做了比较，
我的幸福也在那天决定了。
阿西尔已把我的心带走，
带到乌鲁木齐发电厂去了。"

种瓜姑娘

东湖瓜田百里长，

东湖瓜名扬全疆。

那里有个种瓜的姑娘，

姑娘的名字比瓜香。

枣尔汗眼珠子像黑瓜子，

枣尔汗脸蛋像红瓜瓤，

两根辫子长又长，

好像瓜蔓蔓拖地上。

年轻人走过她瓜田，

都央求她摘个瓜尝尝。

瓜子吐在手心上，

带回家去种在心坎上。

年轻人走过她身旁，

都用甜蜜的嗓子来歌唱，

把胸中燃烧的爱情，

倾吐给亲爱的姑娘。

燃烧爱情的歌谁不会唱？

歌声在天山南北飞翔。

枣尔汗唱出一首短歌，

年轻人听了脸红脖子胀——

"枣尔汗愿意满足你的愿望，

感谢你火样激情的歌唱！

可是，要我嫁给你吗？

你衣襟上少着一枚奖章。"

📖 注释

［1］古尔邦节，即宰牲节，伊斯兰教主要节日之一。

文章评说 📖

一发表就受到了大家的注意和喜爱。给人以新鲜感觉的景物和生活，柔和而又清新的抒情风格，很久在我们的诗歌里就不大出现的对青年男女们的爱情的描写，这些都是它们的特色。

——何其芳《诗歌欣赏》

在《苹果树下》《志愿》《猎人》等短诗中，作者努力建立一个完整的、首尾呼应的结构，并在对"事件""细节"的单纯化的提炼中，来增加情感表达的空间。

——洪子诚《中国当代文学史》

闻捷的代表作是《吐鲁番情歌》及长篇叙事诗《复仇的火焰》。特别是前者，其中对新的社会中传统情爱观念、形态的歌颂，与那一时代对新的社会形态、传统文化二者融为一体的歌颂高度一致且又是在情爱层面完成，因而特色独具。

——傅书华《中国现当代文学史综合教程》

推荐阅读

闻捷《天山牧歌》（闻捷. 天山牧歌［J］. 北京：作家出版社，1956.）

周政保《论闻捷爱情诗的时代感与民族特色》（周政保. 论闻捷爱情诗的时代感与民族特色［J］. 新疆大学学报，1981（3）.）

欧阳珊珊《一幅生动、幽默的风情画——读闻捷的组诗〈吐鲁番情歌〉》（欧阳珊珊. 一幅生动、幽默的风情画——读闻捷的组诗《吐鲁番情歌》［J］. 语文学刊，1986（3）.）

探究与讨论

1. 分析《苹果树下》的巧妙构思。

2. 简要分析《吐鲁番情歌》的艺术特色。

3. 本文叙述了怎样的爱情观？当代大学生应该树立怎样的爱情观？

第六章 志向抱负

第一节 与韩荆州书[1]

李白[2]

本节导读

　　韩朝宗在唐玄宗开元年间任荆州长史，喜爱荐举后进之士，当时士人都很景仰他，也渴求他的举荐。李白也慕名求见，写作这封自荐信，想得到一个荐拔机会。信中李白赞扬了韩朝宗的道德、学问，表达了自己的用世思想，强调士为知己者用的观点。这封书信内容充实，情感真挚。虽是请求举荐，但李白态度不卑不亢，豪气如山，毫无媚态，非常自信。本文借鉴骈文的艺术形式和技巧，但摒弃了六朝骈文过分追求形式、语言浮艳、思想空洞的特点，骈散句式运用自如、旁征博引，典故的运用令文章委婉含蓄、典雅凝练。整篇文章骨气刚健、清新真率、充实质朴、感情真挚，体现了诗人强盛的气势、强烈的自信，字里行间充满了作者恃才傲物、不可束缚的精神和力量，是盛唐之音的充分体现。

　　李白对自己的文章充满自信："十五观奇书，作赋凌相如。"时人对李白文章的评价同样很高，认为李白文章的功力已然凌驾于司马相如、扬雄、班固、张衡等人之上，"天才英丽，下笔不休"，且有"赵蕤术数，李白文章"之评。

　　白闻天下谈士[3]相聚而言曰："生不用封万户侯[4]，但愿一识韩荆州[5]。"何令人之景慕一至于此！岂不以周公之风[6]，躬[7]吐握之事，使海内豪俊，奔走而归之，一登龙门[8]，则声价十倍！所以龙蟠凤逸之士[9]，皆欲收名定价[10]于君侯[11]。君侯不以富贵而骄之，寒贱而忽之，则三千[12]之中有毛遂[13]。使白得颖脱而出[14]，即其人焉。

　　白，陇西[15]布衣，流落楚汉[16]。十五好剑术，遍干[17]诸侯[18]。三十成文章，历[19]抵[20]卿相。虽长不满七尺，而心雄[21]万夫。皆王公大人许与气义[22]。此畴曩[23]心迹，安敢不尽于君侯哉？君侯制作[24]侔[25]神明，德行动天地，笔参造化[26]，学究天人。幸愿开张心颜[27]，不以长揖[28]见拒。必若接之以高宴，纵[29]之以清谈[30]，请日试万言，倚马可待[31]。今天下以君侯为文章之司命[32]，人物之权衡，一经品题，便作佳士。而今君侯何惜阶前盈尺之地，不使白扬眉吐气，激昂青云耶？

昔王子师[33]为豫州，未下车[34]，即辟[35]荀慈明[36]；既下车，又辟孔文举[37]。山涛[38]作翼州，甄拔三十余人，或为侍中、尚书，先代所美。而君侯亦一荐严协律[39]，入为秘书郎。中间崔宗之、房习祖、黎昕、许莹[40]之徒，或以才名见知，或以洁白见赏。白每观其衔恩抚躬[41]，忠义奋发。白以此感激，知君侯推赤心于诸贤之腹中，所以不归他人，而愿委身国士[42]。倘急难有用，敢效微躯。

且人非尧舜，谁能尽善？白谟猷[43]筹画，安能自矜[44]？至于制作[45]，积成卷轴，则欲尘秽视听，恐雕虫小技，不合大人。若赐观刍荛[46]，请给纸笔，兼之书人[47]，然后退扫闲轩[48]，缮写呈上。庶[49]青萍[50]、结绿[51]，长价于薛、卞[52]之门。幸推[53]下流[54]，大开奖饰。唯君侯图之。

注释

[1] 书：古人的书信，又叫"尺牍"或"信札"，是一种应用性文体，多记事陈情。尺牍文学功能多种多样，可以抒情，也可以写景，可以写私人化的事件和感情，也可以进谒显贵，勉励后学。尺牍讲究谋篇布局，文质俱佳。

[2] 李白（701—762）：唐代著名诗人，字太白，号青莲居士，又称李十二、李翰林、李供奉、李拾遗、诗仙、谪仙人。青年时代出蜀漫游，天宝初年到长安做翰林供奉，继而漫游齐鲁。安史乱中，曾入永王幕府，永王兵败后被流放夜郎，途中遇赦，后病死于安徽当涂。有《李太白集》。

[3] 谈士：游谈之士，指当时一些钻营功名的读书人。

[4] 万户侯：食邑万户的侯爵。

[5] 韩荆州（686—750）：指韩朝宗，中国唐朝政治人物。韩朝宗任官时喜欢提拔后进，曾经推荐崔宗之、严武与蒋沇等人，受到当时其他人的尊敬。

[6] 周公：周武王的弟弟姬旦。据记载，周公礼贤下士，他常"一沐三握发，一饭三吐哺"地去接待宾客。

[7] 躬：亲自。

[8] 登龙门：比喻被名人（此处指韩朝宗）援引而增长声望。

[9] 龙蟠凤逸之士：比喻就像龙那样盘旋飞跃，像凤那样翱翔舞动的贤士。

[10] 收名定价：收到（韩荆州的）肯定和好评。

[11] 君侯：对韩荆州的称呼。

[12] 三千：战国时平原君有食客三千。

［13］毛遂：平原君门客，三年在府中寂寂无闻，后自荐前往楚国讨救兵以解邯郸之围，以其机智敏锐，促成楚怀王出兵救赵。

［14］颖脱而出：化用毛遂自荐时对平原君所用的比喻。颖：锥尖。锥尖穿出布袋来，就会露出它的锋芒，比喻有才能的人得到机会，本领也会显现出来。

［15］陇西：郡名，在今甘肃省陇西县，这里是李白的祖籍。

［16］楚汉：春秋战国时期，楚国的中心地带位于汉水流域，故曰楚汉。此处指荆州。

［17］干：干谒。

［18］诸侯：此处指各个州郡的长官。

［19］历：普遍。

［20］抵：拜谒，进见。

［21］雄：超过。

［22］许与气义：赞许他的气概和道义。

［23］畴曩（nǎng）：往日，旧时。

［24］制作：此处指韩荆州的政绩。

［25］侔：相等。

［26］笔参造化：文笔精妙，阐发天地之间的道理。

［27］开张心颜：敞开心怀。

［28］长揖：拱手礼，通常用于平辈之间。

［29］纵：放任。

［30］清谈：高雅的议论。

［31］倚马可待：靠着即将出征的战马起草文件，可以立等完稿。形容文思敏捷，文章挥笔而就。

［32］司命：神名。神话传说中掌管人的生命的神。

［33］王子师：名充，东汉时人。汉灵帝时任豫州刺史。

［34］未下车：指未到任。

［35］辟：征辟。

［36］荀慈明：荀爽（128—190），东汉经学家，字慈明，颖川颖阴（今河南许昌）人，官至司空。

［37］孔文举：孔融（153—208），字文举。鲁国（今山东曲阜）人，东汉末年名士、文学家。

［38］山涛：（205—283），字巨源，河内郡怀县（今河南武陟）人。三国至西晋时期大臣、名士，"竹林七贤"之一。曾任冀州刺史，又任吏部尚书，选举官吏，搜集人才，为天下人所称道。

［39］严协律：此处可能指严武，但史书没有记载他做过协律郎。

［40］崔宗之、房习祖、黎昕、许莹：均为经韩朝宗引荐提拔过的人才。

［41］衔恩抚躬：不忘提拔之恩，忖度如何报答。

［42］国士：一国中最优秀的人物，此处指韩朝宗。

［43］谟猷：计划，谋划。

［44］自矜：自负。

［45］制作：诗文著述。

［46］刍荛（chú ráo）：割草采薪，割草打柴，喻草野之人，见解浅陋。多用作谦词。

［47］书人：抄写的人。

［48］闲轩：静室。

［49］庶：或许。

［50］青萍：宝剑名。

［51］结绿：出自《战国策》，是一种美玉。

［52］薛、卞：指薛烛和卞和，分别是古代善于识别宝剑、宝玉的人。

［53］推：推奖。

［54］下流：此处为李白自谦之词。

文章评说

李太白、杜子美以英玮绝世之姿，凌跨百代，古今诗人尽废。然魏、晋以来，高风绝尘亦少衰矣。

——宋·苏轼《书黄子思诗集后》

如论其文章豪逸，真一代伟人。

——宋·黄彻《巩溪诗话》

至于自述处，文气骚逸，词调豪雄，到底不作寒酸求乞态，自是青莲本色。

——清·吴楚材、吴调侯《古文观止·卷十一》

他生活的时代主要是开元、天宝年间，即所谓"盛唐"时期。这是唐帝国空前繁荣强盛却又潜伏着滋长着各种社会矛盾和危机的时代。

——游国恩《中国文学史》

推荐阅读

李白《赠从兄襄阳少府皓》（彭定秋，等. 全唐诗［M］. 上海：上海古籍出版社，1986.）

李白《春夜宴桃李园序》（王琦. 李太白全集［M］. 北京：中华书局，2014.）

东方朔《上书自荐》（班固. 汉书［M］. 北京：中华书局，2012.）

探究与讨论

1. 李白在文章中写出了自己哪些值得赏识的优点？

2. 作为请求他人推荐的自荐信，常恐陷入逢迎谄媚的窘地。李白在文章中怎样表现出自己不卑不亢的态度？

3. 本文运用了很多典故，典故在文章中起到了怎样的作用？怎样用典故既能让文章凝练厚重又不会陷于炫耀自己的境地？

第二节　就任北京大学校长之演说

蔡元培

本节导读

蔡元培（1868—1940），字鹤卿，又字仲申、民友、孑民，乳名阿培，并曾化名蔡振、周子余，浙江绍兴府山阴县（今浙江绍兴）人，清光绪进士。我国著名的教育家、革命家、政治家，民主进步人士。1917—1927年任北京大学校长，革新北大，开"学术"与"自由"之风；1920—1930年，蔡元培同时兼任中法大学校长。他早年参加反清朝帝制的斗争，民国初年主持制定了中国近代高等教育的第一个法令——《大学令》。

本文是蔡元培在1917年就任北京大学校长时的演讲稿，开宗明义地对青年学子提出了三点要求：一是抱定宗旨；二是砥砺德行；三是敬爱师友。这篇演讲稿在结构上思路非常清晰，简短的开场白引出话题，正文展开话题，结尾总结话题，层次分明，脉络清楚，给人一气呵成之感；在语言上，演讲辞用浅易的文言文写成，在简洁凝练中透出文言文特有的古朴典雅。

五年前，严几道[1]先生为本校校长时，余方服务教育部，开学日曾有所贡献于同校。诸君多自预科[2]毕业而来，想必闻知。士别三日，刮目相见，况时阅数载[3]，诸君较昔当必为长足[4]之进步矣。予今长斯校，请更以三事为诸君告。

一曰抱定宗旨[5]。诸君来此求学，必有一定宗旨，欲知宗旨之正大与否，必先知大学之性质。今人肄业[6]专门学校，学成任事，此固势所必然。而在大学则不然，大学者，研究高深学问者也。外人每指摘[7]本校之腐败，以求学于此者，皆有做官发财思想，故毕业预科者，多入法科，入文科者甚少，入理科者尤少，盖以法科为干禄之终南捷径[8]也。因做官心热，对于教员，则不问其学问之浅深，惟问其官阶之大小。官阶大者，特别欢迎，盖为将来毕业有人提携[9]也。现在我国精于政法者，多入政界，专任教授者甚少，故聘请教员，不得不聘请兼职之人，亦属不得已之举。究之外人指摘之当否，姑不具论，然弭谤[10]莫如自修，人讥我腐败，问心无愧，于我何惧？果欲达其做官发财之目的，则北京不少专门学校，入法科者尽可肄业于法律学堂，入商科者亦可投考商业学校，又何必来此大学？所以诸君须抱定宗旨，为求学而来。入法科者，非为做官；入商科者，非为致富。宗旨既定，自趋正轨，诸君肄业于此，或三年，或四年，时间不为不多，苟能爱惜光阴，孜孜[11]求学，则求造诣，容有底止[12]。若徒志在做官发财，宗旨既乖[13]，趋向自异。平时则放荡冶游[14]，考试则熟读讲义，不问学问之有无，惟争分数之多寡；试验既终，书籍束之高阁[15]，毫不过问，敷衍三四年，潦草塞责，文凭到手，即可借此活动于社会，岂非与求学初衷大相背驰乎？光阴虚度，学问毫无，是自误也。且辛亥之役，吾人之所以革命，因清廷官吏之腐败。即在今日，吾人对于当轴[16]多不满意，亦以其道德沦丧。今诸君苟不于此时植其基，勤其学，则将来万一因生计所迫，出而仕事，但任讲席，则必贻误[17]学生；置身政界，则必贻误国家。是误人也。误己误人，又岂本心所愿乎？故宗旨不可以不正大。此余所希望于诸君者一也。

二曰砥砺[18]德行。方今风俗日偷[19]，道德沦丧，北京社会，尤为恶劣，败德毁行[20]之事，触目皆是，非根基深固，鲜[21]不为流俗所染。诸君肄业大学，当能束身自爱。然国家之兴替，视风俗之厚薄。流俗如此，前途何堪设想。故必有卓绝之士，以身作则，力矫颓俗[22]。诸君为大学学生，地位甚高，肩此重任，责无旁贷，故诸君不惟思所以感己，更必有以励人。苟德之不修，学之不讲[23]，同乎流俗，合乎[24]污世，己且为人轻侮，更何足以感人。然诸君终日伏首案前，芸芸攻苦，毫无娱乐之事，必感身体上之苦痛。为诸君计，莫如以正当之娱乐，易不正当之娱乐，庶[25]于道德无亏，而于身体有益。诸君入分科时，曾填写愿书，遵守本校规则，苟中道而违之，岂非与原始之意相反乎？故品行不可以不谨严。此余所希望于诸君者二也。

三曰敬爱师友。教员之教授，职员之任务，皆以图诸君求学便利，诸君能无动于衷乎？自应以诚相待，敬礼有加。至于同学共处一室，尤应互相亲爱，庶可收切磋之效。不惟开诚布公，更宜道义相劝[26]，盖同处此校，毁誉共之。同学中苟道德有亏，行有不正，为社会所訾詈[27]，己虽规行矩步，亦莫能辨，此所以必互相劝勉也。余在德国，每至店肆[28]购买物品，店主殷勤款待，付价接物，互相称谢，此虽小节，然亦交际所必需，常人如此，况堂堂大学生乎？对于师友之敬爱，此余所希望于诸君者三也。

余到校视事[29]仅数日，校事多未详悉，兹所计划者二事：一曰改良讲义。诸君既研究高深学问，自与中学、高等不同，不惟恃教员讲授，尤赖一己潜修[30]。以后所印讲义，只列纲要，细微末节，以及精旨奥义，或讲师口授，或自行参考，以期学有心得，能裨实用。二曰添购书籍。本校图书馆书籍虽多，新出者甚少，苟不广为购办，必不足供学生之参考。刻拟筹集款项，多购新书，将来典籍满架，自可旁稽博采[31]，无虞[32]缺乏矣。今日所与诸君陈说者只此，以后会晤日长，随时再为商榷可也。

一九一七年

📖 注释

[1] 严几道：即严复（1853—1921），几道是他的字。近代启蒙思想家、翻译家，京师大学堂改名为北京大学后的第一任校长。

[2] 预科：当时北京大学设文、法理、工科和预科。预科相当于北京大学的附属高中，学制为三年（后改为两年），毕业后可免试升入本科。

[3] 况时阅数载：况且时间经过几年。阅，经过。

[4] 长足：形容进展迅速。

[5] 抱定宗旨：抱定研究学问的宗旨。

[6] 肄业：在这里是就学的意思。肄，学习。

[7] 指摘：指出错误，加以批评。

[8] 干禄：求取功名利禄。禄，古代官吏的俸给。终南捷径：比喻达到目的的便捷途径。

[9] 提携：比喻在事业上扶植后辈。

[10] 弭谤：禁止非议，制止指责议论。弭，消除，平息。

[11] 孜孜：勤勉。

[12] 则求造诣，容有底止：学业达到某种程度。容有底止，前途可望。容有，或许能相当深。底止，深的意思。

[13] 乖：背离，违背。

[14] 冶游：同"游冶"，四处游玩。

[15] 束之高阁：把东西捆起来，放在高高的架子上面，比喻放在一边不用它，不管它。

[16] 当轴：旧指当政大臣，比喻居于政要地位。语出《宋史·苏轼传》："积以论事，为当轴者恨。"

[17] 贻误：错误遗留下去，受到坏的影响；耽误。

[18] 砥砺：此指磨炼。砥，细的磨刀石。砺，粗的磨刀石。

[19] 日偷：越来越苟且敷衍，只顾眼前。偷，苟且。

[20] 败德毁行：违背道德，败坏品行。败，使败坏。毁，使毁坏。

[21] 鲜：少。

[22] 力矫颓俗：全力改正不良的风气。矫，改正。

[23] 苟得之不修，学之不讲：此句为宾语前置句。

[24] 乎：介词，同"于"。

[25] 庶：期望，希望。

[26] 相勖（xù）：相互勉励。

[27] 訾詈（zǐ lì）：指责，诋毁，谩骂。

[28] 店肆：店铺。

[29] 视事：官吏到职开始工作。

[30] 潜修：深入钻研。

[31] 旁稽博采：广泛采集，旁征博引。旁稽、博采两词意义相仿，连用表示从多方面考察，吸收每个人长处之意。旁，广大普遍。稽，考察，考核。博，广泛，普遍。

[32] 虞：贻误。

文章评说

这篇用浅易文言文所作的古朴典雅的演讲，字字珠玑，仍振聋发聩，充满着文化智慧和道德力量。不仅没有过时，更需我们重拾其中的教诲，挖掘这篇演讲对当时现实的意义，甚至于当今教育的意义，都将大有裨益。

——席颉龙《重拾〈就任北京大学校长之演说〉中的德育精髓》

蔡元培的《就任北京大学校长之演说》充分体现了元话语和修辞的关系：元话语与议论结合时能投射说理，在指作者的权威和能力时能表达气质，在表达对读者的尊敬或信息与受众有关联时能与动情相联系。

——计艳、龙华丹《元话语与修辞——论蔡元培〈就任北京大学校长之演说〉》

蔡元培在改革北大教育实践中形成的大学教育思想，影响深远，主要包括大学相对独立、教授治校、思想自由、学术至上及人格教育等方面。探索研究蔡元培这一时期的教育思想，有助于我国推动教育强国。

——陈彦文《蔡元培北大教育改革探索及启示》

蔡元培为学人誉为"北大永远的校长"，他对北京大学的改造，在近代中国高等教育发展史上具有界标与典范意义。但就职北京大学校长期间，他曾多番请辞与回任，却也耐人寻味。探赜索隐，学术坚守与政治纷扰的博弈以及蔡元培秉持的"教育独立"理念，成就了一道亮丽而多舛的景观。进退之间，彰显着先行者坚毅执着的品行。

——杨卫明、汪秋萍《进退之间：蔡元培辞职与回任北京大学校长考述》

推荐阅读

蔡元培《不肯再任北大校长的宣言》（中国蔡元培研究会. 蔡元培全集 [M]. 杭州：浙江教育出版社，1998.）

席颢龙《重拾〈就任北京大学校长之演说〉中的德育精髓》（席颢龙．重拾《就任北京大学校长之演说》中的德育精髓 [J]．语文教学与研究，2015（20）．)

计艳，龙华丹《元话语与修辞——论蔡元培〈就任北京大学校长之演说〉》（计艳，龙华丹．元话语与修辞——论蔡元培《就任北京大学校长之演说》[J]．河北理工大学学报，2011（3）．)

探究与讨论

1. 请谈谈你对文章中这句话的理解："平时则放荡冶游，考试则熟读讲义，不问学问之有无，惟争分数之多寡"。

2. 在文中蔡元培先生提出了哪些主要观点？这些观点的先后顺序可否颠倒？为什么？

3. 请举例谈谈这篇演说对当今大学生的现实意义以及对现代教育的意义。

第三节　赠予今年的大学毕业生

胡　适

本节导读

胡适（1891—1962），原名嗣穈，学名洪骍，字希疆，后改名适，字适之。安徽绩溪人。1918 年加入《新青年》编辑部，大力提倡白话文，宣扬思想自由、个性解放，与李大钊、陈独秀、鲁迅等同为新文化运动的领导人物。其一生的学术活动主要在文学、哲学和史学等方面，主要著作《胡适文存》（四集）、《尝试集》《白话文学史》（上）、《中国哲学史大纲》（上）等。他提倡的"大胆假设、小心求证"的治学方法在学术界影响深远。

《赠予今年的大学毕业生》是 1932 年 6 月胡适给即将毕业的大学生的赠言，在文中，作者分析了大学生步入社会后可能会"堕落"的原因，并针对如何防止"堕落"这一问题，以师长的身份给予三条"防身锦囊"，字里行间流露出对莘莘学子的关切与真情。胡适从 20 世纪 30 年代直到去世多次向大学生推荐其三个"防身的锦囊"，以防御大学生步入社会后"两个方面的堕落"，其思想价值在当代社会显示出灼灼光辉。本文语言浅显易懂、形象生动、亲切自然，论事说理引经据典、旁征博引，具有很强的鼓舞性和感染力。

这一两个星期里，各地的大学都有毕业的班次，都有很多的毕业生离开学校去开始他们的成人事业。学生的生活是一种享有特殊优待的生活，不妨幼稚一点，不妨吵吵闹闹，社会都能纵容他们，不肯严格地要他们负行为的责任。现在他们要撑起自己的肩膀来挑他们自己的担子了。在这个国难最紧急的年头，他们的担子真不轻！我们祝他们的成功，同时也不能不依据我们自己的经验，赠予他们几句送行的赠言，——虽未必是救命毫毛，也许作个防身的锦囊罢！

你们毕业之后，可走的路不出这几条：绝少数的人还可以在国内或国外的研究院继续作学术研究；少数的人可以寻着相当的职业；此外还有做官，办党，革命三条路；此外就是在家享福或者失业闲居了。第一条继续求学之路，我们可以不讨论。走其余几条路的人，都不能没有堕落的危险。堕落的方式很多，总括起来，约有这两大类：

第一是容易抛弃学生时代的求知识的欲望。你们到了实际社会里，往往所用非所学，往往所学全无用处，往往可以完全用不着学问，而一样可以胡乱混饭吃，混官做。在这种环境里，即使向来抱有求知识学问的决心的人，也不免心灰意懒，把求知的欲望渐渐冷淡下去。况且学问是要有相当的设备的；书籍，试验室，师友的切磋指导，闲暇的工夫，都不是一个平常要糊口养家的人所能容易办到的。没有做学问的环境，又谁能怪我们抛弃学问呢？

第二是容易抛弃学生时代的理想的人生的追求。少年人初次与冷酷的社会接触，容易感觉理想与事实相去太远，容易发生悲观和失望。多年怀抱的人生理想，改造的热诚，奋斗的勇气，到此时候，好像全不是那么一回事，渺小的个人在那强烈的社会炉火里，往往经不起长时期的烤炼就熔化了，一点高尚的理想不久就幻灭了。抱着改造社会的梦想而来，往往是弃甲曳兵而走，或者做了恶势力的俘虏。你在那俘房牢狱里，回想那少年气壮时代的种种理想主义，好像都成了自误误人的迷梦！从此以后，你就甘心放弃理想人生的追求，甘心做现成社会的顺民了。

要防御这两方面的堕落，一面要保持我们求知识的欲望，一面要保持我们对于理想人生的追求。有什么好法子？依我个人的观察和经验，有三种防身的药方是值得一试的。

第一个方子只有一句话："总得时时寻一两个值得研究的问题！"问题是知识学问的老祖宗；古往今来一切知识的产生与积聚，都是因为要解答问题，——要解答实用上的困难或理论上的疑难。所谓"为知识而求知识"，其实也只是一种好奇心追求某种问题的解答，不过因为那种问题的性质不必是直接应用的，人们就觉得这是"无所为"的求知识了。我们出学校之后，离开了做学问的环境，如果没有一个两个值得解答的疑难问题在脑子里盘旋，就很难继续保持追求学问的热心。可是，如果你有了一个真有趣的问题天天逗你去想他，天天引诱你去解决他，天天对你挑衅笑你无可奈何他，——这时候，你就会同恋爱一个女子发了疯一样，坐也坐不下，睡也睡不安，没工夫也得偷出工夫去陪她，没钱也得撙衣节食去巴结她。没有书，你自会变卖家私去买书；没有仪器，你自会典押衣服去置办仪器；没有师友，你自会不远千里去寻师访友。你只要能时时有疑难问题来逼你用脑子，你自然会保持发展你对学问的兴趣，即使在最贫乏的智识环境中，你也会慢慢的聚起一个小图书馆来，或者设置起一所小试验室来。所以我说：第一要寻问题。脑子里没有问题之日，就是你的智识生活寿终正寝之时！古人说："待文王而兴者，凡民也。若夫豪杰之士，虽无文王犹兴。"试想葛理略和牛敦有多少藏书？有多少仪器？他们不过是有问题而已。有了问题而后，他们自会造出仪器来解答他们的问题。没有问题的人们，关在图书馆里也不会用书，锁在试验室里也不会有什么发现。

第二个方子也只有一句话："总得多发展一点非职业的兴趣。"离开学校之后，大家总得寻个吃饭的职业。可是你寻得的职业未必就是你所学的，或者未必是你所心喜的，或者是你所学而实在和你的性情不相近的。在这种状况之下，工作就往往成了苦工，就不感觉兴趣了。为糊口而作那种非"性之所近而力之所能勉"的工作，就很难保持求知的兴趣和生活的理想主义。最好的救济方法只有多多发展职业以外的正当兴趣与活动。一个人应该有他的职业，又应该有他的非职业的玩艺儿，可以叫做业余活动。凡一个人用他的闲暇来做的事业，都是他的业余活动。往往他的业余活动比他的职业还更重要，因为一个人的前程往往全靠他怎样用他的闲暇时间。他用他的闲暇来打麻将，他就成了赌徒；你用你的闲暇来做社会服务，你也许成个社会改革者；或者你用你的闲暇去研究历史，你也许成个史学家。你的闲暇往往定你的终身。英国十九世纪的两个哲人，弥儿终身做东印度公司的秘书，然而他的业余工作使他在哲学上，经济学上，政治思想史上都占一个很高的位置；斯宾塞是一个测量工程师，然而他的业余工作使他成为前世纪晚期世界思想界的一个重镇。古来成大学问的人，几乎没有一个不是善用他的闲暇时间的。特别在这个组织不健全的中国社会，职业不容易适合我们性情，我们要想生活不苦痛或不堕落，只有多方发展业余的兴趣，使我们的精神有所寄托，使我们的剩余精力有所施展。有了这种心爱的玩艺儿，你就做六个钟头的抹桌子工夫也不会感觉烦闷了，因为你知道，抹了六点钟的桌子之后，你可以回家去做你的化学研究，或画完你的大幅山水，或写你的小说戏曲，或继续你的历史考据，或做你的社会改革事业。你有了这种称心如意的活动，生活就不枯寂了，精神也就不会烦闷了。

第三个方子也只有一句话："你总得有一点信心。"我们生当这个不幸的时代，眼中所见，耳中所闻，无非是叫我们悲观失望的。特别是在这个年头毕业的你们，眼见自己的国家民族沉沦到这步田地，眼看世界只是强权的世界，望极天边好像看不见一线的光明，——在这个年头不发狂自杀，已算是万幸了，怎么还能够希望保持一点内心的镇定和理想的信任呢？我要对你们说：这时候正是我们要培养我们的信心的时候！只要我们有信心，我们还有救。古人说："信心可以移山。"又说："只要工夫深，生铁磨成绣花针。"你不信吗？当拿破仑的军队征服普鲁士占据柏林的时候，有一位穷教授叫做菲希特的，天天在讲堂上劝他的国人要有信心，要信仰他们的民族是有世界的特殊使命的，是必定要复兴的。菲希特死的时候（1814年），谁也不能预料德意志统治帝国何时可以实现。然而不满五十年，新的统一的德意志帝国居然实现了。

一个国家的强弱盛衰，都不是偶然的，都不能逃出因果的铁律的。我们今日所受的苦痛和耻辱，都只是过去种种恶因种下的恶果。我们要收将来的善果，必须努力种现在的新因。一粒一粒的种，必有满仓满屋的收成，这是我们今日应该有的信心。

我们要深信：今日的失败，都由于过去的不努力。

我们要深信：今日的努力，必定有将来的大收成。

佛典里有一句话："福不唐捐。"唐捐就是白白的丢了。我们也应该说："功不唐捐！"没有一点努力是会白白丢了的。在我们看不见想不到的时候，在我们看不见想不到的方向，你瞧！你下的种子早已生根发叶开花结果了！

你不信吗？法国被普鲁士打败之后，割了两省地，赔了五十万万法郎的赔款。这时候有一位刻苦的科学家巴斯德（Pasteur）终日埋头在他的试验室里做他的化学试验和微菌学研究。他是一个最爱国的人，然而他深信只有科学可以救国。他用一生的精力证明了三个科学问题：（1）每一种发酵作用都是由于一种微菌的发展；（2）每一种传染病都是由于一种微菌在生物体中的发展；（3）传染病的微菌，在特殊的培养之下，可以减轻毒力，使它从病菌变成防病的药苗。——这三个问题，在表面上似乎都和救国大事业没有多大的关系。然而从第一个问题的证明，巴斯德定出做醋酿酒的新法，使全国的酒醋业每年减除极大的损失。从第二个问题的证明，巴斯德教全国的蚕丝业怎样选种防病，教全国的畜牧农家怎样防止牛羊瘟疫，又教全世界的医学界怎样注重消毒以减除外科手术的死亡率。从第三个问题的证明，巴斯德发明了牲畜的脾热瘟的疗治药苗，每年替法国农家灭除了二千万法郎的大损失；又发明了疯狗咬毒的治疗法，救济了无数的生命。所以英国的科学家赫胥黎（Huxley）在皇家学会里称颂巴斯德的功绩道："法国给了德国五十万万法郎的赔款，巴斯德先生一个人研究科学的成绩足够还清这一笔赔款了。"

巴斯德对于科学有绝大的信心，所以他在国家蒙奇辱大难的时候，终不肯抛弃他的显微镜与试验室。他绝不想他的显微镜底下能偿还五十万万法郎的赔款，然而在他看不见想不到的时候，他已收获了科学救国的奇迹了。

朋友们，在你最悲观最失望的时候，那正是你必须鼓起坚强的信心的时候。你要深信：天下没有白费的努力。成功不必在我，而功力必不唐捐。

文章评说

《赠予今年的大学毕业生》是胡适先生 1932 年 6 月 27 日为全国大学应届毕业生写的毕业赠言。他对毕业生问题把握准确，对形势分析贴切，对青年学生寄予无限希望，告诫、激励青年一代为实现国家和民族的复兴而奋发努力。他预测了毕业生的去向，担忧大学生踏上社会的沉沦，开出了应对的"药方"。七十九年前对大学毕业生的谆谆教导展现出大师思想的前瞻。

——王小丁《重读胡适的〈赠予今年的大学毕业生〉》

他的理论建树最突出、影响最大的，是"白话文学"论和"历史的文学观念"论，这两者相辅相成，筑起胡适的文学思想的基本架构。

——钱理群《中国现代文学三十年》

胡先生，和其他的伟大人物一样，平易近人。……我从未见过他大发雷霆或是盛气凌人。他对待年轻人、属下、仆人，永远是一副笑容可掬的样子。就是遭遇到挫折侮辱的时候，他也不失其常。

——温源宁《胡适博士》

他在大学教育方面的行动和思想，为"教育家"注入了丰富的内涵，赋予了鲜活的意义；他是中国近代教育家的一个标志。

——周川《教育家胡适：行动与思想》

推荐阅读

胡适《一个防身药方的三味药》（季羡林. 胡适全集［M］. 合肥：安徽教育出版社，2003.）

雷海宗《专家与通人》（雷海宗. 专家与通人［J］. 教育，2014（6）.）

周川《教育家胡适：行动与思想》（周川. 教育家胡适：行动与思想［J］. 高等教育研究，2015（1）.）

探究与讨论

1. 大学生毕业后可能面临哪些"堕落"的危险？

2. 试概括"三种防身药方"的实质。

3. 胡适所给予大学毕业生的"三种防身药方"对于现今的大学生是否仍适用？有没有坚持的必要和可能？为什么？

下篇　实用写作

第七章　社群沟通文书

社群通常是基于一个共同点、需求或者爱好把一群志同道合的人聚集在一起，构成一个有相互关联的网络，常见的社群包括血缘群体、地缘群体、业缘群体、趣缘群体、志缘群体等，为了实现互助共赢，社群人员之间借助语言文字沟通思想，传情达意，建立合作，拓展发展空间。在既定社群中，运用约定俗成的规范的社群沟通文书，可减少社群间信息沟通障碍，有利于提高日常交流的效率。

第一节　条　据

条据俗称便条，主要有两大类：一是说明性条据；二是凭证性条据。条据与人们的日常生活紧密联系，因事因病不能工作或参加活动，需要向领导或单位说明情况；联系工作，需要得到对方的支持协助；领取钱物，需要得到必要的证实；托事留言，需要以字代话等。正是条据如此宽泛的用途，使之形成不同的类型，应用于不同的场合。

(一) 说明性条据

1. 文体特性述要

说明性条据是向对方传达某种信息或说明某种事由的条据，包括请假条、留言条、托事条等。说明性条据一般用于简单的事务，书写使用很便捷。

2. 文体格式与写作要求

（1）标题。第一行居中，比如写明"请假条"或"假条"。留言条和托事条可省略标题。

（2）称谓。受文对象要明确、自然，可根据与对象的关系选用适合的称呼，顶格，后面加冒号。如果是公事，比如写请假条，不用加"敬爱的""尊敬的"等修饰词语。

（3）正文。称谓下一行，开头空两格，简要写明事由。请假条关键要写明请假的理由和起止时间，留言条要陈述清楚具体内容，选词尽量精准，不要出现歧义。最后以礼貌用语致谢结束。

（4）落款。落款写在正文的右下方，包括署名和日期。

范 文

请假条

李老师：

我昨晚感冒发烧，今早体温仍达 39℃，难以坚持上课，特此请假一天，请老师批准。

附：医院诊断书一份。

计算机 2 班：李洪（学号 2021066）

2021 年 5 月 6 日

评析：这篇请假条理由非常实在、充分，还附有医院证明，写清楚了自己的班级和学号，以便老师查找名单，说明作者充分从受文对象着想，提出的请假时间既符合管理制度的要求，也容易被接受。字里行间体现出对老师和制度的尊重，非常得体。

（二）凭证性条据

1. 文体特性述要

凭证性条据指施事与受事双方在交接钱财或物品时，用以作为凭证的单据，包括收条、领条、借条、欠条等。

2. 文体格式与写作要求

（1）标题。标题一般是条据的细化分类，如"领条""收条""借条""欠条"等。标题应写在条据上方中间的部位，字体稍大些。

（2）正文。一般用"今收到""今领到""今借到"等开头，内容要写清楚对方姓名和所得物品名称、数量、借期、归还时限，数字要大写，末位数字后面常常加上"整"字以示严谨。如果需要改动，应在改动的地方加盖图章，以示负责。尾语写上"此据"或"立此为凭"等，以示慎重。尾语可写在正文之后，也可另起一行。

（3）落款。落款位置在条据的右下方，由经手人署名和标明立据的时间。

写经手人时必须小心谨慎，以避免产生不必要的法律纠纷。

这到底是一张收条还是一张借条?

收到朱××人民币拾万元整，年利率 15%。

魏×

2021 年 4 月 10 日

2021 年 4 月原告朱××持被告魏×出具的一份书面凭证到法院起诉，要求被告偿还借款

10 万元及利息 15 000 元，该条内容如上。

一审法院经过开庭审理并报审判委员会研究认为，原告朱××主张被告魏×向其借款的书证是被告出具的收条，被告对自己出具的收条不否认。

从收条内容分析，按照日常的交易习惯，如果是出借人收到借款人所借款额，不应有利息的约定，故可以认定被告出具的收条实质上为借款借据。

被告魏×辩解称原告朱××向其借款并已归还，事后原告为达到离婚目的而要求其补办收款收据。被告对其辩解主张应承担举证责任，现被告所举证据不足以证明自己反驳的主张，遂判决被告偿还借款本息，原告胜诉。宣判后，被告不服，提出上诉。

二审法院经审理后，认为当事人对自己的诉讼请求所依据的事实有责任提供证据加以证明。被上诉人朱××主张上诉人魏×借其现金 10 万元，并要求上诉人偿还，提供的主要证据为一份收款凭证，凭证上虽注明了利率，但并不能因此得出双方存在借贷关系的必然结论，而且该凭证并不明确为欠款凭证。此外，被上诉人朱××在原审审理中对其出借资金来源及相关内容提供了伪证，此后提供的证人证言也不能直接证实其借给上诉人魏×10 万元的事实存在，加之被上诉人朱××自己当庭陈诉借款事实时前后说法不一，同时因上诉人魏×与被上诉人朱××自 2018 年以来一直有经济往来，被上诉人朱××也曾从上诉人魏×处取款，因此，被上诉人朱××主张事实所举证据不充分，原审法院认定事实不清，适用法律不当。遂做出终审判决：撤销原判，驳回朱××的诉讼请求。

评析： 这个案例充分说明了严谨对待凭证性条据写作的必要性。不仅要注重具体的格式，写清是"借条"还是"收条"，更要在行文中写明具体的事项，特别是涉及重要事务或者巨额款项的条据，双方要认真校对，再慎重交接，绝不能掉以轻心。

范 文

借 条

今借到院团委音响设备壹台（编号 008），供大会播放音乐用。会后归还。

此据

经手人：李思

2021 年 9 月 8 日

评析： 作者特别慎重地将数额用汉字大写，并用括号说明所借之物的编号或者型号，非常精准而不会发生误会。还说明了用途以及归还时间，表明态度严谨而诚恳，给管理者留下诚实可靠的印象，今后再合作就更容易了。

实践训练 📚

1. 假如你今天下午要参加校团委组织的演讲大赛，不能上课或参加班级的英语角活动，请就此写一张说明性条据。

2. 你最近因工作需要购置一台笔记本电脑，由于钱不够需要向朋友张宁借一部分钱，朋友同意借给你 3 000 元，请就此事写一份凭证性条据。

第二节　书　信

书信是一种向特定对象传递信息、交流思想感情的沟通文书。作为跨越时空相互交流情感与思想的工具，书信自古就被广泛使用，所谓"烽火连三月，家书抵万金"。因为传统书信的书香韵味、见字如面和等待思念的感觉，就算是网络信息十分发达的今天，人们还是会经常选用。许多人都还会保存一些纸质书信留为纪念。

现代社会的沟通需求，书信的运用除传统用法，即公函、私函之外，一个新的发展动向便是社群沟通事务性的信件使用量逐渐增多，且因沟通的实际需要呈现出形式多元的趋势，在社群日常沟通中多以申请书、求职信、个人简历、倡议书、慰问信、表扬信等形式出现。

一、申请书

申请书是个人或单位就某一件事情或问题向组织、机关、团体、企业单位领导等，表达愿望、寻求帮助或征询解决事项而使用的一种文书，其本质上是个人与组织向领导汇报思想、阐述请求的沟通方式。写好申请书就等于迈出了实现愿望的第一步。

（一）文体特性述要

申请书的用途非常广泛，可以将其分为：思想政治方面的申请，如申请加入中国共产党、参军等；工作学习方面的申请，如外出培训申请书、带职进修申请书、工作调动申请书等；日常生活方面的申请，如申请公租房住房、个人申请开业或困难补助申请等。

其主要特征有以下几个。

（1）请求性。"申请"的意思是申述自己的理由，请求给予满足，带有明显的请求目的。

（2）单一性。申请书要求一事一书，内容单一明确。一份申请书只表达一个愿望和只提出一个请求，不能把不同的愿望和请求同写在一份申请书中。

（二）文体格式与写作要求

申请书的内容结构通常包括以下几个部分。

1. 标题

标题可只写"申请书"三个字，也可根据申请的事项在"申请书"三字前加上申请内容，如"入党申请书""特困补助申请书"。

2. 称谓

称谓一般只有一个，要确指。在标题下空一行顶格处写接受申请书的组织、单位、团体或个人的名称。称谓之后加冒号。

3. 正文

正文另起一行空两格书写，一般要写清楚三个方面的内容：①简述申请的理由；②明确申请的内容，申请什么要直截了当提出；③陈述申请的要求或决心以及其他事宜。申请的事项和理由是正文的核心部分，要写得充实、简明，让接受申请者明了申请人的意愿和具体情况，以便得到批准。

4. 结尾

结尾通常表示礼节或者恳切的愿望，如"批复为盼""请批准"等。

5. 落款

落款写申请人的姓名和日期。

（三）行文特点和注意事项

（1）提出的要求要在集体的规则制度范围之内，充分考虑申请事项符合对方可接受的程度，理由要合情合理、实事求是，不能虚夸和杜撰，否则难以得到批准。

（2）要注意言辞恳切，态度诚恳朴实，条理清楚，切忌东拉西扯、过分渲染。

（3）递交申请书要把握恰当的时机，太早或者太晚效果都不会好。

范 文

复学申请书

尊敬的院领导：

我是本院汉语言文学专业2022级（1）班的学生刘洁。我在去年的一次体育课上，打篮球时不慎摔了一跤，造成左腿膝盖半月板严重拉伤。由于不能上课，就办理了休学手续。经过近一年的治疗和调养，现已基本痊愈，特此请求下学期复学。

去年休学以后，我从未放弃过自己的学习。住院期间，我就给自己制订了学习计划。近一年来，我自学了教学计划安排的所有课程，借阅了同班同学的课堂笔记，还参加了相关网课的学习，并经常通过网络向任课老师求教。因此，我希望领导考虑让我回原班学习。我不知道这个要求是否妥当，愿意接受学校对我进行考试后再做决定。

请领导考虑我的申请。

2022 级（1）班学生：刘洁

2023 年 6 月 25 日

评析：复学申请书，用于学生个人与学院领导之间的沟通。如何让院领导同意自己的想法并让它变为现实，是申请书的重点所在。这篇文章从学院规则和领导可接受的角度考虑，陈述了自己想复学的理由，让领导全面知晓她的学习情况，同时表达了自己的愿望，提出了请求，是一篇很成功的申请书。

二、求职信和个人简历

求职信和个人简历是私人对公的信函。无论是即将毕业进入社会工作的学生，还是已经在职场打拼并取得一定成绩正需要寻求一份更能实现自身价值的工作的人，往往需要通过一封充分表明自己求职意愿和适应所求职位的求职信，向用人单位介绍或推销自己，使用人单位愿意给自己面试或试用的机会。

（一）求职信

求职信，也叫自荐信，是向他人自荐的重要手段。随着市场经济的不断发展，人才流动日益频繁，写求职信已成为毕业生和其他人员寻找就业岗位最重要的方式。

1. 文体特性述要

求职信是求职者向用人单位介绍自己，以谋求工作而写的书信。求职信可分为两种，即自荐信和应聘信。自荐信与应聘信略有不同：自荐信是求职人根据自己的条件和意向向可能聘用自己的单位所写的书信；应聘信是在已获知用人单位正在招聘人员的情况下所写的书信。

求职信是书信的一种，但在内容和语体上有不同于一般书信的明显特征，主要表现在以下几个方面。

（1）明确的针对性。写求职信要有的放矢，认真了解收信对象，针对用人单位的需求和心理，选择书信的内容和行文方式；恰如其分地向对方介绍自己的成绩、特长和优势，展示自己胜任工作的条件和能力。

（2）鲜明的个性化。用人单位可能会在一段时间内收到一大批求职信并从中挑选最优秀者。要在这样的竞争中取胜，首先必须引起对方的注意，使他们产生进一步了解你的兴趣。达到这一目的的方法和技巧很多，其核心是追求不同于他人的显著特色，争取"一下子抓住对方"的效果。当然，也不能过于标新立异，以免引起反感。

2. 文体格式与写作要求

求职信的格式与普通书信相似，一般分为称谓、开头语、正文、结尾、落款及附件六个部分。

（1）称谓。应根据收信人的身份、地位选择恰当的称呼。一般可称某厂领导、某经理等。为礼貌起见，可以视情况使用"尊敬的"等修饰语。

（2）开头语。开头语包括问候语和阐明写信目的两部分内容。求职信的问候语可用"您好"一笔带过，或者直接介绍自己或说明写信目的，简要说明自己获得了该单位哪方面的用人信息，及自己准备应聘什么职位。

（3）正文。正文主要包括：①自我介绍。一般应介绍自己的年龄、性别、文化程度及其他与求职目标相关的个人情况。②申请职位的情况和个人有利条件。要着重表现自己的主要成绩和优势，介绍自己的专业特长或取得的成果等，说明自己具备求职目标所具备的条件。③表明愿意从事这项工作的愿望和信心，以及如何开展工作。此外，还可以适当提及适应所求工作性质的兴趣爱好、性格特点等。

（4）结尾。结尾可强调自己的愿望，如"我热切地盼望着您的召见"或"希望得到您的回音"等。以简洁的祝颂语结束全文，可以写"此致敬礼""敬颂春祺""顺致财安"等。也可以视不同的对象，选择其他更恰当的祝颂语。

（5）落款。署名前要加上"求职人""自荐人""应聘人"等字样。最后写姓名、日期。

（6）附件。一封求职信中，求职者可将自己的求职优势向求职单位进行说明，却不可能面面俱到，也无法过于详尽，正文中所提到的或可以证明求职者能力、经验、业绩等的相关资料复印件，可以在附件这一部分依次列出，供求职单位查阅。附件内容可以包括毕业证书、资格证书、获奖证书、实习证明、培训证书等。附件在祝颂语下面一行，前空两格，书写"附件"并标注序号，每个附件独占一行，且不需加标点符号。这一部分所列项目不宜过多，将最能证明求职者职业技能优势的材料列出即可。

3. 行文特点和注意事项

（1）知己知彼，针对需求。写求职信最好初步了解心仪单位的特点和需要，做到心中有数，针对对方的需求展现自己的特长，这样成功的概率就会提高。如果盲目乱投求职信，成功率不到千分之一。针对外语要求较高的用人单位还可以使用外语写作，一封标准的外文求职信，会在众多的求职信中脱颖而出。当然，具体要视用人单位而定，不要弄巧成拙。

（2）态度真诚，语言得体。求职信是与用人单位进行书面交谈与沟通的一种有效形式，是求职成功的第一环节。对方要通过此信获得对谋职者的第一印象，所以应以真诚的态度、得体的语言，给对方留下良好的印象。

（3）语言简洁，文从字顺。收信者可能在一段时间内收到许多求职信，如求职信写得冗长含糊，则可能使人厌烦而搁置。所以一般不要超过一千字。求职信是自己的介绍信，最重要的是绝对不能有错别字、病句、格式失范之类的硬伤，一个硬伤会严重破坏招聘者的第一印象。

（4）少用简称，手写更佳。为避免用人单位的误解，求职信中尽量不使用简称，比如所学的专业、所毕业的学校、所学的课程等。复印件给人的感觉除了不真实外，更可能给人一种敷衍的感觉，所以求职信最好自己亲手书写，至少用打印机打印原件，用钢笔署名。

（5）附上能证明求职者能力、经验、业绩的相关资料复印件和详细的联系方式，包括通信地址、电话（或手机）、电子邮箱等。

范　文

招聘启事

　　通用电气公司中国分公司因工作需要，拟向社会公开招聘办公室行政文秘1名，具体要求如下：

　　（一）性别：女。年龄：35岁以下。形象气质佳。具有全日制大学及以上学历，中文、文秘、法律专业者优先，具有良好的英语水平及相关工作经验者优先。

　　（二）具备扎实的语言文字功底，能熟练操作常用办公软件。

　　（三）具有较强的沟通能力和组织协调能力，责任心强，能吃苦耐劳。

通用电气公司中国分公司

20××年×月×日

求职信

尊敬的通用电气公司人力资源部×部长：

　　您好！

　　真诚地感谢您在繁忙的公务中浏览这份求职材料，请允许我向您毛遂自荐。

　　我叫黄晓敏，是××大学中文系2021届应届毕业生。我在大学生人才招聘网上看到贵单位"招聘行政文秘"的启事，我认为自己的条件已符合贵公司的要求，为此不揣冒昧，向您寄上我的求职信，谨向您简要介绍一下自己的情况。

　　在过去三年半紧张而又充实的学习生活中，我系统地完成了中文专业的所有课程，取得了优异的成绩（附各科成绩单）。业余时间苦练普通话，获得了一级乙等证书；还学习了计算机文字处理技术和操作，取得计算机等级证书。基于对文秘工作的爱好，我选修了"秘书学""行政公文写作""公关礼仪实务"等专业性课程，其中"秘书学"考试成绩是98分，为全年级第一，并在《秘书之友》杂志上发表了一篇关于秘书工作的论文。大四上学期，我到中国石油化工集团公司进行了半年的行政文秘见习。可以说，为成为一名合格的文秘人员，我在理论与实践等方面都做了充分的准备。

作为一名热爱写作的学生，我参加过第七届全国大学生"野草文学奖"邀请赛，获得一等奖。在校担任学生会宣传部干事，负责对内对外宣传，积极参加学校及学院组织的各项活动，因表现突出，多次受到院校表彰。我还利用假期担任××记者团实习团长，组织同学向校内外媒体投稿，获得学校第四届新闻奖。为了适应社会需要，我参加了英文系高年级选修课程的学习，以584分的成绩通过了大学英语六级考试，可以完成较复杂的口译和笔译。

思想和精神的完善，才是人真正的完美。我恪守"有所作为是人生的最高境界"的人生信条，不断加强自己的思想道德修养，既学做事，又学做人。在学习专业知识和拓展个人兴趣的同时，积极、热情、务实地投入到一些有益的社会公益活动中。

贵公司多年来不断创新，成为电气行业不朽的传奇。特别希望能够加入公司的团队，圆自己的文秘梦。鉴于所学专业知识和实践经历，我相信自己适合从事行政文秘相关工作。若能成为贵公司的一员，我定以饱满的工作热情、勤奋务实的工作作风、快速高效的工作效率来回报贵公司的知遇之恩。

再次感谢您百忙之中给予我的关注，如蒙不弃，请您给我一个面试的机会，热切期盼回音！

我的联系方式：手机：13999299124；E-mail：lww8961@163.com；微信号：Alley98772319。

附件1：学士学位证书复印件

附件2：成绩单复印件

附件3：学校就业推荐信

附件4：写作竞赛获奖证书复印件

附件5：普通话一级证书复印件

附件6：英语六级证书复印件

附件7：计算机国家一级证书

求职人：黄××（手签）

20××年×月×日

评析：这是一封颇受用人单位青睐的求职信。求职人基于招聘单位的文秘工作招聘要求，就自己所学的专业、所修课程、实践经历、学习成绩、翻译水平、性格优点和精神追求等进行了针对性的叙述，与所聘职务吻合，岗位优势非常突出。结尾部分对公司背景的介绍、附件内容的补充及完整的联系方式、亲笔签名等细节体现了求职者认真、细致、良好的沟通协调能力及精益求精、严谨务实的工作态度，这正是一名优秀的文秘工作者所需具备的素质。

（二）个人简历

个人简历是自己学习生活的简短集锦，也是求职者自我评价和认定的主要材料。它是一扇窗户，能使用人单位了解到求职者的部分情况，也能激起用人单位与求职者进一步接触的浓厚兴趣。

1. 文体特性述要

（1）简历就是对个人学历、经历、特长、爱好及其他有关情况所作的简明扼要的书面介绍。常以表格式出现。

（2）简历制作的基本原则有以下三点。

第一，要有重点。招聘者希望得到的应聘者是一个有责任心、有敬业精神的优秀人才。因此如果简历中的陈述没有突出工作和职位重点，或是把自己描写成一个适合所有职位的求职者，那么就很难在求职竞争中胜出。

第二，是把简历作为广告，推销自己。简历的制作不要长篇大论，内容最好限制在一页以内，运用简短且富有感召力的语言突出自己的优势。

第三，陈述有利信息，争取成功机会。求职信和个人简历是求职过程中的第一个环节，尽量避免在简历阶段就遭到拒绝。

2. 文体格式和写作要求

个人简历多为表格的形式呈现。一般包括以下几方面的内容。

（1）个人资料，包括姓名、性别、出生年月、籍贯、民族、家庭地址、政治面貌、婚姻状况、身体状况、学历、兴趣、爱好、性格、联系方式等。

（2）学业内容，包括就读学校、所学专业、学位、外语及计算机掌握程度等。

（3）本人经历，包括入学以来的简单经历，主要是担任社会工作或加入党团组织等方面的情况。

（4）所获荣誉，包括三好学生、优秀团员、优秀学生干部、专项奖学金等。

（5）本人特长，包括计算机、外语、驾驶、文艺体育等。

（6）自我评价，包括简明扼要、实事求是的评价。

（7）求职愿望，包括自己想做什么，能为用人单位做些什么。

3. 行文特点和注意事项

（1）个人简历一定要写得充实，有内容、有个性，能反映出自己的真实情况。

（2）简历上不要出现薪金的历史记录和待遇要求。如果要求提供这些信息，写在附件上。

（3）个人简历篇幅不可太长。简历的格式应便于阅读，有吸引力，使人对自己有良好的印象。在简历中要充分展示自己的特长，强调所取得的成绩，最好能写出三种以上的成绩和优点，并且要讲究材料的排列顺序。

（4）简历照片要朴实、大方，并且一定要近照。

范 文

个人信息					
姓　名	×××	性　别	女		2寸免冠
籍　贯	×××	民　族	汉		正装近照
出生年月	19××年10月2日	政治面貌	党员		
学　历	本科	专　业	×××		
学　制	四年	身　高	162 cm		
毕业院校	××大学工商管理学院				
联系方式	电话		E-mail/QQ邮箱/微信号		
	××××××××××		××××××××××		
求职意向					
应聘职位	销售代表/推广专员		工作地点	×××	
求职类型	全职		到职时间	一周内	
学习经历与实践经历					
学习经历	2017.9—2021.6　××大学工商管理学院 2013.9—2017.6　××市第一中学				
实践经历	2020.6-2020.8　××区沃尔玛××专柜促销员 2020.4—2020.6　××大学工商管理学院××营销团队计划 2020.1—2020.3　××文化公司销售助理/文员 2019.7—2019.9　××公司××办事处销售助理/文员				
在校 担任职务	2019.9—2021.6　系学生会干部 2017.9—2019.6　班级组织委员				
职业技能					
语言能力	普通话一级乙等；大学英语四级				
计算机能力	熟练操作Windows平台上的各类应用软件（Word，Excel，Powerpoint，Access等）				
个人 能力评价	具有工商管理相关的理论以及初步的解决实际问题的能力。为人谦虚谨慎，能吃苦耐劳，综合素质较好，沟通能力强，有团队协作精神并能承受较大的工作压力，工作细心负责，自学能力较强				

三、倡议书

倡议书是由某一组织或社团拟定的就某事向社会提出建议或提议社会成员共同去做某事的书面文章，在现实社会中有较广泛的使用价值。

（一）文体特性述要

倡议书有个人发起撰写与集体撰写两种。倡议书一般张贴在公共场所，也可通过媒介公开传播，以求广泛响应。倡议书具有以下特点。

1. 广泛的群众性

倡议书往往面向广大群众，或对某个领域的所有人发出，或对一个地区的所有人发出，甚至向全国发出。

2. 对象的不确定性

倡议书是要求广大群众响应的，然而其对象范围往往是不确定的。它即便是在文中明确了具体对象，但实际上有关人员可以表示响应，也可以不表示响应，它本身不具有很强的约束力。

3. 倡议的公开性

倡议书是一种广而告之的书信，它是要让广大的人民群众知道了解某项提议，从而激起更多的人响应，以期在最大的范围内引起共鸣。

（二）文体格式与写作要求

倡议书的内容通常包括以下几个部分。

1. 标题

倡议书标题一般由文种名称单独组成，即在第一行正中用较大的字体写"倡议书"三个字。也可以在前面加上倡议的主要内容，如"把遗体交给医学界利用的倡议书"。

2. 称谓

倡议书的称谓可依据倡议的对象选用，如"广大的青少年朋友们""广大的妇女同胞们"等。有的倡议书也可不用称谓，在正文中指出。

3. 正文

正文一般有三个方面的内容：开头先写倡议的背景、条件、理由或目的，可用"为此，我们倡议如下（或我们提出如下倡议）"过渡。然后引出倡议的内容。如果内容单一，可直接写出；如果内容较多，则可分条列项来写。最后写决心或希望，倡议公众广泛参与。

4. 落款

在右下方写明倡议者单位的名称或个人的姓名，署上日期。

（三）行文特点和注意事项

（1）倡议书内容要有超前性和可行性，不违背国家的方针政策，宣传真善美，使人们无形之中受到深刻的教育。

（2）倡议书的背景、目的要写清楚，理由要充分、透彻。这些因素交代不清就会使人觉得莫名其妙，难以响应。

（3）倡议书措辞要确切，体现时代精神，情感要真挚，同时要富于鼓动性；篇幅要短小精悍。

（4）倡议书是一种建议、倡导，它不给人一种强制的感觉，所以结尾一般不写表示敬意或祝愿的话。

范文

力做志愿者，共圆中国梦

——弘扬志愿精神倡议书

尊敬的老师、亲爱的同学们：

志愿者只是一个简单的名字，却蕴含着不同寻常的意义。他们用自己微小的善意感动着我们，用自己微弱的力量助力着国家的发展。而作为新时代圆梦人的我们，更应该向他们学习。力做志愿者，共圆中国梦。

力做志愿者，提升自我价值。

鲁迅先生曾经说过："将血一滴滴滴在别人身上，虽自觉渐渐消瘦，也以为快活。"就像郭明义一样，他努力奋斗、顽强拼搏，只为多资助一个贫困学子。他捐的每一个硬币都滚烫火热。他越平凡就越发不凡；越简单，越显得不简单。正是他简单又坚定的志愿精神帮助了许多被贫困困扰的学生，同时也提升了自身的价值。人生的长短用时间计算，人生的价值用贡献衡量。我们应该弘扬志愿精神，提升自我价值。

力做志愿者，推动社会进步。

"来的时候我们许下诺言，走的时候不要留下遗憾。"南京工业大学研究生志愿协会毅然走进大山，向孩子们讲述大山以外的世界。他们的行动向社会各界展示了青春的另一种演绎方式，激励了更多青年人了解志愿服务，践行志愿精神，争当志愿者。还有许多志愿服务"润物细无声"：打造阡陌学堂在线支教平台，邀请各行各业精英在线支教；创办宝贝回家志愿者协会，帮助宝贝们回家；在城市与农村参与社会治理，共创文明新风……志愿者们用他们的实际行动，照亮了他人和世界，推动着社会的不断前行。

力做志愿者，助力国家前行。

"赠人玫瑰，手有余香。"这也是中国梦内涵的一部分，在国家身后，有许多以玫瑰赠予祖国之人。就像"两弹一星"功勋人物程开甲扎根戈壁大漠，无私奉献；黄旭华为研制核潜艇，甘做隐姓埋名人 30 年，"水下长征"无怨无悔；还有黄大年也加入献身者的滚滚洪流中，为我国科研做出贡献……他们不也是为国、为党、为社会、为人民的志愿者吗？

老师们、同学们，我们是新时代的圆梦人。让我们用自己的一份力量，书写新时代的雷锋精神，书写新时代的雷锋故事。为实现中国梦，有一份热，发一份光。力做志愿者，共圆中国梦。

倡议人：×××

2022 年 10 月

评析： 这篇倡议书句式整齐，观点醒目。第一段开宗明义，开篇点题，交代了倡议活动的原因；第二到第七段分条项阐释力作志愿者的意义，引用鲁迅名言，举郭明义、南京工业大学研究生的事例，引述材料，列举程开甲、黄旭华、陈大年等事例，紧扣"志愿者"话题；最后一段总结全文，重申观点，呼应题目及上文。全文层层推进，说理性强，颇能鼓舞人，具有号召力。

四、慰问信

慰问信是以组织或个人的名义向在某方面做出特殊贡献或遇到意外损失、巨大灾难的集体或个人表示关切致意或问候同情的一种文书。

（一）文体特性述要

慰问信通常用于在重大节日、纪念日或遇到某种特殊情况（如发生战争、恐怖袭击、自然灾害等）对有关人员、单位、地区、国家表示关切、问候、安慰、鼓励。慰问信包括两种：一种是在节日表示问候；另一种是表示同情安慰。

慰问信具有以下特点。

1. 发文的公开性

慰问信可以直接寄给本人，但大多是以张贴、登报，或在电台、电视上播放的形式出现的。

2. 情感的沟通性

无论是对有突出贡献者的慰问还是对遭遇困难者的慰问，情感的沟通是慰问信的根本。慰问信正是通过这种或表达赞扬崇敬之情，或表达同情关切之意的方式达成双方的情感交流和相互理解。

（二）文体格式与写作要求

慰问信的内容通常包括标题、称谓、正文、结尾和落款五部分。

1. 标题

标题一般在第一行居中写"慰问信"三个字，字体稍大于正文字体。

2. 称谓

称谓顶格，写受文者的单位名称或姓名称呼，如"××市人民政府""××先生"，后加冒号。对国外的慰问语，应该注意称谓的区别，如发给某国元首的，称"××阁下"等。

3. 正文

正文应另起一行空两格书写。慰问信的正文一般由发信目的、慰问缘由或慰问事项等部分构成。正文首先要开宗明义，写清楚发此信的目的。接着概括叙述对方的先进事迹、先进思想，夸赞其可贵的品德或高尚的风格；或者简要叙述对方所遭受的困难和损失，以示发信方对此的关切。最后要表现出发信方的钦佩或同情之情。

4. 结尾

结尾表示共同的愿望和决心，如"……困难是暂时的，最后的胜利一定属于我们"等。最后常常另起一行空两格写上表示祝愿的惯用礼仪用语，如"祝你们取得更大的成绩""祝节日愉快"等。选择何种结尾，应根据慰问信的种类和对象而定。

5. 落款

落款署上发信单位或个人的称呼，并在署名右下方写上日期。

(三) 行文特点和注意事项

（1）要根据所慰问的不同对象，确定信的内容。对在社会建设中有贡献的集体和个人，应侧重于赞颂他们的巨大成绩；对遭到暂时困难的集体和个人，则应侧重于向他们表示关怀和支持。

（2）字里行间要洋溢着由衷的、真挚的感情，反对虚伪、应付、客套。慰问信的抒情性较强，语言应亲切、生动。

范 文

致全体员工国庆节日的慰问信

北京××商贸有限公司的全体员工：

你们好！

"十一"国庆佳节来临，举国上下沉浸在欢乐气氛中，值此祖国七十二岁华诞的喜庆时刻，我代表北京××商贸有限公司向你们表示节日的祝贺和亲切的慰问！

在过去的日子里，所有人都以饱满澎湃的热情、兢兢业业的作风、无私奉献的精神，投入到××商贸发展壮大的事业中，把美好的年华、无穷的智慧都奉献给了前进中的××商贸，奉献给了我们热爱的企业与行业。公司总部的员工勤勤恳恳、任劳任怨，在以细节论成败的激烈市场竞争中，大家不敢有一丝一毫的懈怠。

各店铺及其他销售一线的同事们，你们以公司大局为重，舍小家、为大家，克服了许多困难，脚踏实地、步步为营，一家一家客户地拜访，一个一个订单地攻坚，每一点市场份额的拓展都留下了你们的足迹，每一次销售业绩的突破都是你们汗水的凝结。

每踏出的一步，都是我们不曾触摸到的一个新的高度。成绩的取得，无不饱含着××人的心血和汗水！在此，向你们致以崇高的敬意！

再次向你们，并通过你们向你们的家人致以最亲切的问候和最真挚的祝福，祝大家节日快乐、身体健康、事事如意！

北京××商贸有限公司
20××年×月×日

评析：本篇慰问信开门见山地写明了节日慰问的缘由，对过去该公司所有员工的工作热情及工作态度致以真诚的感谢，对全体员工及其家人致以亲切的祝福。全文充分肯定了员工们所付出的努力和所取得的成绩，让人读起来心潮澎湃，收到了良好的慰问效果。

五、表扬信

表扬信是一种建设精神文明的有效工具。在我们的生活中，总有一些在工作、道德、责任等方面表现非常突出的人物和事件涌现，任何一个集体和个人，都有责任将这样的人物和事迹宣扬出去，让人们为之感动，并以他们为榜样，加强自身修养，从而提高全社会的精神文明水准。

（一）文体特性述要

表扬信是对某组织或个人的先进事迹、卓越成绩及突出贡献给予公开表彰、颂扬的一种文书。其最大的特点是公开性，可用大红纸抄出来，张贴在被表扬的单位或个人所在地或公共场所，也可通过报纸、广播等媒介传播，还可在相应的大会上宣读。

表扬信的类型一般有两种：一种是领导机关或社会团体表彰所属单位或个人的，这类表扬信采用直接表彰的方式；另一种是个人或单位通过间接的方式表扬其他单位或个人的，这类表扬兼有致谢的意义，一般是交给被表扬者所在单位或上级有关部门，也可以寄给新闻单位，通过媒体给予表扬。

（二）文体格式与写作要求

表扬信通常由标题、称谓、正文、结尾和落款五部分构成。

1. 标题

标题由文种名称"表扬信"单独构成，置于第一行正中。字体略大于正文字体。

2. 称谓

称谓顶格，写上被表扬的机关、单位、团体的名称或个人姓名，后面加冒号。

3. 正文

正文应另起一行，空两格书写。首先，交代表扬的缘由。用概括叙述的语言，重点叙述事迹的发生、发展、结果。其次，指出行为的意义。对事实进行赞誉性评述，引出值得学习与发扬的价值。如果是上级写给下属的，除对已取得成绩进行表扬外，还要对今后的工作提出希望或要求。如果是个人写给单位或单位写给单位的，则要顺致谢意，并请求或建议有关方面给予表彰。

4. 结尾

结尾与一般书信相同。

5. 落款

落款写明发信单位名称或个人姓名，并在右下方注明成文日期。

(三) 行文特点和注意事项

（1）叙述事迹要条理清楚，要抓住本质，突出重点。写事迹要做到见人、见事、见精神，不要以空泛的说理代替了动人的事迹。

（2）叙述、评价事迹要实事求是，恰如其分。对被表扬的人和事的叙述既不夸大，也不缩小。要用事实说理，要充分反映出对方的可贵品质。

（3）语气要热情、恳切，文字要朴素、精练。

范　文

表扬信

广东南方电信规划咨询设计院有限公司：

20××年，是我们东莞电信分公司客响建设中心通信工程建设任务最艰巨的一年，在这一年里，贵司东莞所全体员工在负责人××同志带领下，认真执行我司的整体工作部署和安排，表现出了良好的敬业精神和吃苦耐劳的工作品质，做到了急客户之所急，发扬良好的团队精神，积极主动，超前准备，周密安排，并展示过硬的技术力量，按时、优质完成设计任务，为我中心顺利完成省、市公司下达的各项任务和指标提供了有力保障。

今年我中心重点攻坚"光进铜退"配套管线工程项目、转型业务配套管线工程项目、平安社区监控工程项目以及CDMA一期四个项目，每个项目都有几百万元甚至上千万元的投资，工程量大，时间紧迫，勘察难度高，贵司东莞所对此高度重视，负责人××及时响应并亲自带队，上下协调沟通，所里全体人员也放弃了节假日休息，不分昼夜，为完成查勘设计任务加班加点，任劳任怨，精心设计，不仅为我们顺利完成任务提供保证，还向我们提供优质高效的贴心服务，体现出"敬业、专业、创新、服务"的优良作风和工作态度。特别是"光进铜退"配套管线工程和平安社区监控工程两个投资千万元以上的项目都提前一周完成方案规划，提前半个月完成正式设计，为我们节省了时间。提交的高质量的设计，达到"零修正、零变更"的要求，为工程建设节约了投资和避免不必要的周旋，由此得到我司各部门、各分局的高度评价和赞赏。

值此岁末年终之际，我中心谨对贵司东莞所广大员工致以衷心的感谢，并对×××等同志进行表扬和鼓励！希望贵公司能再接再厉，发扬"急客户所急，想客户所想"的优良传统，敬业、专业、团结、协作的作风和团队精神，一如既往地支持我中心工作，为东莞电信的业务发展做出更大贡献。

此致

敬礼！

中国电信股份有限公司东莞分公司客响建设中心
20××年 12 月 29 日

评析：全文第一段交代了表扬的缘由。然后就广东南方电信规划咨询设计院有限公司东莞所的全体员工所做的贡献进行了恰如其分的叙述，表扬了员工敬业、专业、团结、协作的作风和团队精神。最后，对公司员工致以感谢并提出号召，鼓励大家为公司的业务发展做出更大贡献，体现对一线工人的劳动精神的赞美。

实践训练

1. 如果你想加入某一个党团组织，是用自荐信还是申请书？为什么？

2. 为自己设计一封毕业后找工作用的求职信和个人简历。

3. 张宏因为以下原因，向公司递交辞职申请，请你代写一份辞职信。

（1）经验不足，水平有限。所学的园林专业，主攻园林绿化，但园林建筑在工程中所占的比例很重，经验不足，错漏百出，难以胜任有关技术和管理工作。

（2）精力不足，健康欠佳。食欲不振，常感冒头昏，总感到精力明显不足，即使睡眠充足，也常常在上班时间打瞌睡，萎靡不振，精神状态不佳，影响工作。经医生检查，肝功能不正常，可能有肝炎传染病，建议多休息。

（3）家有急事，需要处理。家中尚有妻儿老小需要照顾，最近更是发生了一些麻烦事，需 1~2 个月时间才能处理好，处理好有关家事，才能安心工作。

（4）离职要求：离职时领取到本人应得的工资、补贴和提成。

4. 请针对滥食野生动物这种不文明的行为，以"保护野生动物"为主题，拟写一封倡议书。

5. 2021 年 9 月 30 日下午 18:10，广州市再宏物业服务有限公司安防队员马山和徐雷在摩托车停放岗位上拾到顾客遗失的钱包和手机，并于当日 19:30 交还给遗失物品的顾客。两位员工拾金不昧的精神十分值得大家学习。请以广州市再宏物业服务有限公司的名义在公司内部写一封表扬信。

6. 新学年伊始，很多高年级学生作为志愿者参加了学校接待新生的工作，在任务完成后，你作为新生代表，代表全体新生致答谢词。

第八章　事务类文书

第一节　计划、总结

一、计划

计划是人们在日常生活和工作中使用频率高、使用范围广、内容针对性强的应用文。任何单位和个人，要避免工作的盲目性，必须前有计划、后有总结。因此，掌握计划的写作方法，学会根据工作的需要拟订计划，是对每一位职场人的基本要求。

计划是国家机关、企事业单位、社会团体及个人，在工作、生产、学习及日常生活中，为完成某项任务或达到一定的目的，对既定工作或活动进行部署和安排的事务性应用文。计划作为对工作的总体布置，根据不同的时限又有不同的名称。一般而言，初步、长远但非正式的计划称为"设想"；带有长远性、全局性的计划称为"规划"；对纳入一定时期工作计划中的主要工作称"要点"；针对某项需要短期完成的具体工作或活动而制订的较为具体切实的计划称"安排"。

计划是个人或单位有序完成既定工作的保证，能够帮助人们建立起正常的工作秩序，明确工作的目标，使工作有条不紊。计划是协调工作的重要条件，有了计划，有利于统一本单位各部门的行动，以增强工作的主动性，减少盲目性，达到在规定时间内完成既定工作的目的。计划还是主管部门对基层单位的工作进度进行监督和考核的有效手段，有了计划，主管部门能督促各单位、各部门按时完成工作任务，并以此作为上级主管部门检查、考核工作的依据。鲜明的目的性、合理的预想性、操作的可行性和执行的约束力共同构成了计划的基本特征。

（一）计划的分类

人们从不同的角度认识计划，便有了不同的分类方法。

按计划的内容，可分为学习计划、工作计划、教学计划、营销计划、生产计划、科研计划等；按计划的性质，可分为综合性计划、专题性计划等；按计划的范围，可分为国家计划、地区计划、公司计划、部门计划等；按计划的时限，可分为长期计划、短期计划。

（二）文体格式与写作要求

计划的形式可以是多样的，一般有：文字表述式，即通过文字叙述以说明计划的内容；表格式，即以表格的形式体现计划的项目和内容；综合式，即将文字与表格结合起来，体现计划的项目和内容。计划以哪种形式呈现，需根据计划的内容和表述需要进行选择。现以文字表述式计划为例，介绍写作要领。

1. 标题

标题位于第一行居中。不成熟或未经批准的计划，在标题后或正下方注明"讨论稿"。计划的标题一般有三种写法：第一种，完整式，即包含制订计划的单位名称、计划时限、计划内容概要、文种名，如"百事可乐公司2023年营销工作计划"。第二种，省略式，即根据实际需要省略某些标题要素。可以省略时限，如"百事可乐公司营销计划"；也可以省略制订计划的单位名称，如"2023年营销计划"。第三种，公文式，即由发文机关名称、事由、文种组成，如"百事可乐总公司关于2023年机构改革工作的部署"。

2. 正文

正文从标题下一行开始，开头空两格。计划的正文一般由前言、主体和结语构成。

前言是计划的开头部分，需简明扼要阐明制订计划的依据，以"为此，特制订计划如下"类语作为过渡语，引出主体部分。

主体是计划的核心和具体内容，包括计划的目标、任务、措施和步骤。可以分三个层次写。第一，任务：做什么。明确计划时段内要完成的工作任务。第二，措施：怎么做。本部分需写清楚完成任务所采取具体办法，明确要利用什么条件，由何单位完成，谁具体负责，如何协调配合完成任务等。第三，工作步骤。写明完成计划的具体步骤或阶段，必要时，需根据具体任务明确各阶段任务的完成时限。在写作时，计划的任务、措施、步骤可分开写，独立成段。也可综合写，将目标、任务和措施、步骤分别合在一起，但要体现出内容的层次性。对计划正文不便表述的内容，可另提供"附件"。

结语是计划的收束，可提出执行计划的希望或号召，也可展望计划的实施前景。也有的计划不写结语。

（三）行文特点和注意事项

（1）以上级领导的顶层设计为指导，突出本单位、本部门领导的工作意图，体现指导性。

（2）紧密结合本人或单位的实际情况，以前期工作为依据，以充分调查为前提，以预期目标为预测，坚持实事求是的原则，体现可操作性。

（3）合理进行工作部署，恰当安排时间进度，严格提出工作要求，体现执行约束性。

范　文

（学习计划）

暑期英语学习计划

为了提高自己的英语听说读写能力，更好地备战六级考试，特拟订如下 2022 年度暑期英语学习计划。

一、目标

掌握 CET-6 考试大纲要求掌握的 6 400 个单词，能听懂英语对话及短文，得分率在 90% 以上。

二、措施

（一）参加新东方暑期英语学习班的学习，按时完成课内外作业。

（二）课外坚持收听电台的"英语广播讲座"。

（三）坚持阅读 *China Daily*。

（四）每日翻译该报上的一篇短文。

三、步骤

本计划按每天四时段完成。

第一时段，背英语单词；第二个时段，听有声美文；第三时段，背诵美文；第四时段，完成 CET-6 的历年部分真题，每天完成一套模拟考试题。

我决心按照措施及步骤每天坚持完成当天的任务，通过此次暑假计划提高自己的英语水平。

评析： 此篇学习计划目标明确，能够将目标数据化，任务和措施详尽具体，能够结合目标和自身需求而设定。步骤清晰明了，将一天的时间按照学习任务进行时段分配，以便在实施时能够有的放矢、合理安排。

范　文

（工作计划）

××市统计局 2022 年财务工作计划

为了使企业财务工作更好地为统计事业的发展服务，加强财务管理，完善各项财务制度，做到财务工作长计划、短安排，使财务工作在规范化、制度化的良好环境中更好地发挥作用。为此，特拟订 2022 年财务工作计划。

一、目标任务

（一）认真贯彻省统计局 2016 年财务工作要点，并将精神在全市统计系统的财务工作中认真贯彻执行。

（二）按省财基处和市财政局的要求，按时上报全市统计系统和行政经费财务月、季度财务报表，做到账表一致。

（三）按省统计局、市财政局的要求，认真搞好今年地方经费和统计事业费的年度预决算工作。

（四）深入基层指导县区统计局中央统计事业费的财务管理工作，开展内审及离任审计。

（五）加强财务管理，完善财务管理制度，努力开源节流，为统计工作和普查工作的正常开展提供财务保证。

（六）管好用好全市各项普查工作经费，做到专款专用，不挤占挪用。

（七）加强财务基础工作，认真学习会计法律法规和财务电算化知识，做到会计业务精、电算化处理账务技术熟练。

（八）加强对各种费用开支的核算，按机关管理制度的规定，按月落实到科室，定期公布。

（九）积极为领导出谋划策，在财务管理工作中起到助手和参谋的作用。

二、措施和做法

（一）加强对财务工作的领导，坚持局队领导的开支由局长审批，其余开支由协助局长分管财务的领导审批，大额开支由集体讨论决定，做到民主理财、财务公开。

（二）财务人员必须按岗位责任制，坚持原则，秉公办事，做出表率。

（三）充实完善的财务管理制度，在反复征求职工意见的基础上，由局党组决定后，坚决执行，不能走样。

（四）财务人员必须认真学习财务管理的有关规定，在财务活动中认真执行。

（五）搞好财务基础工作，做到账目清楚，账证、账实、账表、账账相符，使财务基础工作规范化并达标升级。

（六）搞好县区电算化培训，今年举办一期培训班，争取年底能计算机处理年报。

（七）加强党风廉政建设，有良好的职业道德，发扬勤俭节约的精神，当好家、理好财。

评析：此财务工作计划正文由前言、主体构成。前言简明扼要。主体部分目标任务明确，能够层层分析，每一项都有详细的目标，以便最终进行考核。计划中将措施和做法综合起来陈述，工作人员能够清晰明了地把握工作要点，从宏观上对具体的工作进行指导。

二、总结

总结与计划是相辅相成的，一个能完整有序开展工作的单位、集体、部门或个人，总是工作开始前有计划，工作完成后有总结，按照计划—实践—总结—再计划—再实践—再总结的循环开展工作，将工作一步步向纵深或新的高度推进。

总结是单位、部门或个人对某个阶段已完成的工作、学习或某项具体任务等进行回顾、分析，从中找出经验和教训，得出规律性的认识，以指导今后工作的应用文书。在工作中使用频率较高，内容针对性强。总结的基本内涵显示，这一事务性应用文体具有以下作用：第一，检查上一阶段的工作，以找出经验和教训；第二，为制订下一步工作计划提供重要依据。

总结反映的是具体工作单位和个人工作的情况，在内容表现上体现主体性；总结要客观地陈述已做的工作实绩，不能有任何虚假，在可信度上强调真实性；总结不是对所做工作的流水记录，而是基于事实的经验提升，在事实的陈述上突出概括性；总结直接导向着单位或个人的未来工作，在对今后工作的安排上具有指导性。

（一）总结的类型

总结从不同的角度可划分出不同类型。

1. 综合性总结和专题性总结

按性质划分，有综合性总结和专题性总结。

（1）综合性总结，又称全面总结，它是单位、部门或个人对一定时限内所做的各项工作的全面回顾和检查。例如，"××大学工商管理学院 2022 年工作总结"，就是对学院在该年度的教学工作、党建工作、科研工作、学生工作、后勤工作、财务工作等进行的全面总结。

（2）专题性总结，是对某一方面或某一项工作在任务完成之后所进行的总结。这类总结具有总结推广成功经验的意义，如"'三严三实'专题教育活动工作总结"等。

2. 工作总结和经验总结

按内容划分，有工作总结、经验总结等。

（1）工作总结是对一段时间所做工作进行系统检查评价，从而找到成绩与不足的总结。

（2）经验总结是对所开展的某项工作或活动中的成功经验的总结。

3. 单位总结和个人总结

按写作主体分，有单位总结和个人总结。

（1）单位总结是以单位的名义，对单位的工作进行的总结。

（2）个人总结是个人对自己某段时间或某项工作的总结。

总结也有各种别称。自查性质的评估及汇报、回顾、小结等，都具有总结性质。

（二）文体格式与写作要求

总结在总体结构上必须具备标题、正文、落款三个要素，每一要素的呈现既有与其他事务性文书相同的地方，也有其自身的写作要领。

1. 标题

标题写于第一行居中。常见的总结标题有三种形式：公文式标题、文章式标题和双标题。公文式标题由单位名称、时限、事由、文种构成，多用于综合性总结，如"×××公司2022年营销工作总结"。文章式标题是概括文章的内容或基本观点的标题，不出现文种"总结"两字。这类标题多用于专题总结，如"股份制使企业走上成功之路"。双标题是由正标题和副标题共同构成的标题形式。其中正标题揭示总结的主旨，副标题显示总结单位名称、范围，如"加速提高学生的读写能力——福建师大附中语文教改总结"。

2. 正文

正文是总结的核心部分，从标题下一行写，开头空两格，由开头、主体两部分组成。

开头也叫前言，进行基本情况概述，具体阐明总结的写作动机和目的、简述工作或任务是在什么形势下、遵循什么思想或方针完成的。

主体是正文的重点，陈述主要的做法和成绩。一般分三个层次写。第一层，介绍基本做法、总结成绩和经验。具体写明在什么思想指导下，做了哪些工作，采取了哪些措施，取得了哪些成绩。第二层，指出问题与教训，找出工作中存在的问题与不足。不同的总结，可以有不同的侧重。反映问题的总结，在本部分应重点强调存在什么问题，分析问题产生的主客观原因及由此得出的经验教训。第三层，提出改进工作的措施和努力方向。在写作总结的主体部分时，应注意：写成绩，要善于以典型事例加以说明；写经验和体会，要善于概括提炼，由感性认识上升到理性认识，将具体的做法提炼和升华为可推广或保留的经验。

根据三个层次的内容表达需要，主体部分可以采用三种结构方式：分部式结构，按"情况—成绩—经验体会—问题—今后设想"组织材料，每部分可用序号或显示段旨的小标题标识；阶段式结构，按时间顺序组织材料，从做法、效果及体会等方面把工作的整个过程分成几个阶段写；并列式结构，从工作中概括出观点，按观点组织材料，每一个观点就是一个大层次，层次与层次之间形成相对独立但又有内在逻辑联系的关系，这类结构形式更适合专题总结。

3. 落款

落款形式比较灵活，可以按以下形式呈现：以单位名义写的总结，可在标题下面居中署名，正文右下方写日期，也可以在正文右下方署名，名称下标明时间。个人总结，署名一般写于标题下方，正文右下方写出日期。向上级呈报或向下属单位下发的总结，署名和日期应写在正文右下方。

（三）行文特点和注意事项

总结重在对工作的回顾，其终极目的是总结经验、发现问题、找到差距，为下一步工作提供依据。从这个目的出发，在写作中应注意以下问题。

（1）材料要充实、典型，以事实说话，忌泛泛而谈。

（2）概括要准确，以事实为依据，总结出规律性的东西，忌堆砌材料，记流水账。

（3）评价要客观，应实事求是地对经验与成绩、问题与教训进行评价，忌夸大其词，失之偏颇。

📚 **范 文**

做好售后服务是企业发展的保证

——云岭电子技术服务中心 2022 年工作总结

2022 年，本中心全体员工根据总公司关于"保证优质售后服务"的指示精神，坚持对拥有云岭电子产品的客户进行一流服务的宗旨，全力开展优质服务活动，按照本年度售后服务工作计划扎实地开展并做好各项工作，实现了 2022 年的总体目标。全年维修合格率达 98%，比去年上升了 26.3%；维修返修率 0.4%，比去年下降了 29.13%；用户来信处理率 100%，全年未出现重大的维修质量投诉，赢得了用户和社会各界的好评，使云岭电子系列产品的销售有了更进一步的发展前景，促进了云岭电子技术售后服务工作的服务质量一流化、服务网点辐射化、服务管理规范化、服务方式多样化、服务经营一体化。2022 年被评为总公司优质服务企业。现将一年来本中心的工作总结如下。

一、优化网点建设，拓展辐射性网点，加强网点管理（略）

（一）开展网点升级达标活动。（略）

（二）开展网点调研考察。（略）

（三）合理调整网点布局，扩大维修服务的覆盖面。（略）

（四）开展用户抽查，优化网点结构。（略）

二、开展客服调研，根据客服需求，调整售后服务策略，适应市场和用户需要（略）

（一）组织问卷调查，采集服务需求信息。（略）

（二）增加服务项目，扩大服务范围。（略）

（三）转换服务形式，提高服务水平。（略）

（四）开拓服务经营一体化道路，增强自身实力。（略）

三、提高员工素质，深化优质服务（略）

四、开展云岭电子产品百日维修服务质量无投诉活动（略）

2023 年是云岭电子技术服务中心事业发展的关键一年，也是实现总公司中期发展规划的决定性一年。在新的一年里，我中心要在 2022 年工作的基础上，进一步落实总公司关于全面开展优质服务、提高服务质量的指示精神，坚持一切为了使用户满意的最高标准，把售后服务工作作为首要任务，为维护云岭电子技术服务中心的信誉做出新的贡献。

评析：这是一篇企业售后服务的综合性总结。本文标题为正副题式。正题揭示文章的中心内容，副题标示出单位、时间和文种，信息齐全。全文的前言部分概述了基本情况，交代了总结所涉及的时限、单位、背景、工作任务、完成情况，并引用数据，概述了成就，用语简洁平实。主体部分围绕着"售后服务是企业发展的保证"这个中心，从四个方面概括介绍了一年的主要工作，从充分的工作实绩中总结出各个观点。最后以展望作结，充满了信心，反映了企业的精神面貌。全文层次分明，观点与材料统一，是一篇值得借鉴的总结。

实践训练

1. 假设你是系学生会某部的部长，在学年结束之际，请你为你所工作的部门写一份工作总结，提交系学生会。

2. 一学年的大学生活很快就过去了，这一年你在学业方面做了一些什么？有哪些需要今后注意或改进的？请你写一份个人学习总结。

3. 你是一名大一新生，当你走进期盼已久的大学，听完辅导员的学业指导后，你已经为自己拟订了一个四年学习规划。请根据这个规划，针对本学年的学习任务拟写一份学年学习计划。

4. 你即将开始大学三年级的学习，根据你的个人学习规划，你准备参加研究生考试。请你根据自己的学习状况和专业选择，为自己拟订一份考研复习计划。

第二节 策划书

策划是一种"无中生有"的过程，一种让未来的事情按照你的思路及想法一步步变为现实的过程，采用创新的、周密的、决策性的思维模式。将你要做的事情、为什么要做这件事以及怎么做这件事用书面的形式写下来，就是策划书。策划书是对未来的某个活动或者事件进行策划，并展现给读者的文本，是实现目标的指路灯。撰写策划书的目的是用现有的知识开发想象力，在可以得到的资源的现实中最可能、最快地达到目标。

一、策划书的类型

策划书可分为创业策划书、广告策划书、活动策划书、营销策划书、网站策划书、项目策划书、公关策划书等。策划书可以理解为是一个计划，但比计划详尽。如果别人能按照你的策划书，不需要你的指点就准确达到策划书想达到的效果，那么这就是一份成功的策划书。

二、文体格式与写作要求

1. 策划书名称

尽可能具体地写出策划名称，如"××××年×月×大学×活动策划书"，置于页面中央，也可以写出正标题后将此作为副标题写在下面。

2. 活动背景/前言

活动背景/前言包括基本情况简介、主要执行对象、近期状况、组织部门、活动开展原因、社会影响以及相关目的动机。同时应说明问题的环境特征，主要考虑环境的内在优势、弱点、机会等因素，对其进行全面的分析，在分析基础上做预测，并通过预测制订计划。

3. 活动目的、意义

活动目的、意义部分应用简洁明了的语言将目的要点表述清楚。在陈述目的要点时，该活动的核心构成或策划的独到之处及由此产生的意义（经济效益、社会利益、媒体效应等）都应该明确写出。活动目标要具体化，并实现重要性、可行性、时效性。

4. 资源需要

资源需要部分列出所需人力资源、物力资源，包括使用的地方。也可以列为已有资源和需要资源两部分。

5. 活动开展

作为策划的正文部分，表述方式要简洁明了，使人容易理解，但要力求全面，写出每一点能想到的东西，没有遗漏。对策划的各工作项目，应按照时间的先后顺序排列。人员的组织配置、活动对象、相应权责及时间地点也应在这部分加以说明，执行的应变程序也应该在这部分加以考虑。

6. 经费预算

活动的各项费用在进行具体、周密的计算后，用清晰明了的形式列出。

7. 活动中应注意的问题及细节

内外环境的变化，不可避免地会给方案的执行带来一些不确定性因素，因此，当环境变化时是否有应变措施、损失的概率是多少、造成的损失多大，以及相应的应急措施等，也应在策划中加以说明。

8. 活动负责人及主要参与者

该部分注明组织者、参与者、嘉宾、单位，如果是小组策划可以注明小组名称、负责人。

三、行文特点和注意事项

（1）使用"模板化方法"。模板提供了需要思考的各个方面，把这些方面填充全面。模板中的每一项都有它的内涵和外延，这些相互交叉的内容对整体影响不大。只有每一个环节都考虑得周到、详尽，才能制作出一份完备的策划书。

（2）活动开展的板块要重点来写，需要明确、细致。因为从某种意义上来说，策划书的一个目的就是说服人，比如活动审批者、赞助商家等，而活动开展部分恰恰是他们需要的，这直接关系到这项活动的生存权。

（3）可以采用"创造小说"的方法，按照逻辑顺序，把从开始到最后的每一个环节像小说一样在头脑中预演一遍。把想到的每一件事都写下来，这些都是策划书中实用的内容，不要遗漏每一个要点。

（4）写策划书就是要认真思考一件事，认真写一篇文章，然后把这篇文章付诸实现。你要让你的策划书有与众不同之处，比如有某个别出心裁的点子，让人眼前一新。创新点需要有但不必多，一两个足够，关键是要能付诸实现。

四、策划书写作流程

（1）收集相关的策划方案，熟悉策划书形式。
（2）对将要策划的活动的流程进行思考。
（3）集体讨论策划书模式，拟订策划方案。
（4）分配负责工作，板块写作的责任划分至个人。
（5）集体讨论，提出相关的修改意见及建议。
（6）完善策划方案，提交审批。

范 文

"观看励志电影，品味精彩人生"活动策划书

一、活动前言

为了更好地关心我院广大学生，进一步提高同学们的课余文化生活水平，培养大学生"自尊、自信、自立、自强"的精神，将举办"观看励志电影，品味精彩人生"活动。

二、活动主题

观看励志电影，品味精彩人生。

三、活动意义

对紧张的大学生活起到调节放松的作用，同时丰富同学们的校园文化课余生活，给同学们营造安康、文明、活泼、创新的校园文化环境，全面提高综合素质。

四、活动时间

9月27日晚上 7:00。

五、活动地点

公教楼 101 教室。

六、活动内容

放映励志成长影片，拓展知识面，让同学们更加深入地领略电影的魅力。

七、前期准备

1. 新闻拓展部选好此次观看的影片。

2. 宣传部做好宣传工作，并及时通知同学们观看电影。

3. 外联部选好教室并及时通知大家。

4. 组织部布置好会场。

八、活动流程筹划

1. 秘书处负责此次活动签到。

2. 由会长发表讲话，并宣布此次活动开始。

3. 同学们观看视频，并由主持人讲解。

4. 由同学们发表此次观看视频后的感想。

5. 会长总结此次活动，并宣布活动完毕。

九、后期准备

1. 由文艺部清扫卫生。

2. 要求大家写观后感，并交给办公室。

评析：这是一篇具有代表性的大学校园活动策划书。策划书全文由 9 个部分组成，内容结构完整，每个部分的内容非常详尽。活动环节安排得当，各部门工作安排合理清晰，能够给予工作人员准确的指导，提高工作效率。

实践训练

为了展示大学生的青春风采，增进思想交流，繁荣校园文化，你所在的学院将举办新生辩论赛，现请你拟写一份活动策划书，可适当补充所需素材。

第三节 竞聘词

竞聘词，也称竞聘演讲词或竞聘演讲稿，是竞聘者在公开或特定的场合向评委和听众发表的展示自身优势及阐述聘后工作思路以争取一定职位的演讲类文书。它是为通过自由竞争形式达到被聘用之目的而写作的应用文体，是竞聘演讲的书面文字材料。

竞聘词由于受演讲的时间和地点的限制，且有明确的竞争目的和强烈的自我展示意识，因而特别强调主题的集中性、目标的明确性、内容的竞争性和陈述的条理性。在就业环境竞争与机遇并存的形势下，竞聘者精心撰写竞聘词，并辅之以自信从容的演讲，可以大大增加获得竞聘岗位的机会。

一、文体格式与写作要求

竞聘词一般包括标题、称谓与问候语、开头、正文、结尾五个部分。

1. 标题

竞聘词的标题一般有三种形式。以文种为标题，如"竞聘演讲稿"；以竞聘职位和文种为标题，如"教务处长岗位竞聘演讲"；根据竞聘内容而确定的标题，如"让诚实的劳动和努力结出果实——宣传科科长竞聘演讲"。

2. 称谓与问候语

竞聘词的称谓是对评委和现场观众的称呼，因演讲场合到场的人员而定，一般应与竞聘场合的在场人员和竞聘时间相适应，如"尊敬的各位领导、同仁，大家好""各位评委老师，早上好"等。

3. 开头

竞聘词要力争在较短的时间内，使在场人员建立对竞聘者工作能力的信任。因此，竞聘词的开头部分要抓住评委和听众的注意力，并让他们对竞聘者产生好感。竞聘词开头的方式一般可采用感谢式或概述式。感谢式开头应以真诚的态度表达对获得竞聘机会的诚挚谢意，如"非常感谢学院团委给我这次宝贵的竞聘机会"等，通过致谢拉近竞聘者与听众的心理距离。概述式开头应简要地陈述自己竞聘职位所具备的优势，并借此机会提出竞聘成功后的工作设想。无论哪一种类型的开头，都既要表现出竞聘者的自信，又不可显得自傲。过分谦卑会给人以缺乏自信的感觉，会引起听众对竞聘者实际能力的担心。因此，把握好"度"，是十分重要的。

4. 正文

正文是竞聘词的主体部分，需要清楚明了地介绍竞聘者的竞聘优势、对竞聘岗位的工作设想。其中竞聘优势包括竞聘者的各方面素养、此前的工作经历与获得的工作经验、竞聘者具备的能力和工作中取得的业绩等；对竞聘岗位的工作设想包括竞聘成功后的工作目标、工作方法、工作态度等。

5. 结尾

竞聘词的结尾是竞聘演讲的结束，一般要表明竞聘者对于竞聘成功与否的正确态度、自己能够竞争上岗的信心，及希望在竞聘中获得支持的愿望。最后以简短的结束语结束本次竞聘演讲，如"谢谢大家"。

这里介绍几种常见的结尾方式。

（1）表达愿望式。真诚地表达能够获得职位或加盟的热切愿望，期望得到认可和接纳。

（2）表明态度式。坦诚地表达自己参与竞聘的真实感受，强调个人意愿。

（3）祈请支持式。坦率地表达自己对竞聘上岗的信心，恳请得到大家的支持和帮助。

（4）以谢圆场式。针对竞聘现场的具体情况，对参加竞聘会的领导、评委、听众致谢。

二、行文特点和注意事项

1. 实事求是，明确具体

竞聘者应实事求是，言行一致。所介绍的每一段经历、每一项业绩都必须客观实在。给国家做出什么奉献，给单位创造什么效益，给职工提供什么福利等，一定要讲清楚，不能吞吞吐吐、模棱两可。不说过头话，能够办到的就说，办不到的不要开空头支票。

2. 调查研究，有的放矢

竞聘演讲是针对某岗位而展开的，因此，写作前必须到招聘单位了解情况，可以通过调查摸底、群众访谈等方式，切实弄清楚单位的历史、现状，尤其对于当前存在的焦点、难点问题及其存在的根本原因要问清查透，力争找到解决问题的最佳途径，以便在演讲时击中要害、战胜对手。

3. 谦虚诚恳，平和礼貌

竞聘者是通过辩论实现被聘用目的的，只有给人以谦虚诚恳、平和礼貌的感觉，才能被认可和接受。评审人员及与会者是不会接受狂妄傲慢、目中无人的竞聘者并委以重任的。所以，竞聘词十分讲究语言的分寸，表述既要生动、有风采、打动人心，同时又要真诚可信、情感真挚。

范 文

尊敬的各位领导、评委、同事们：

大家好！

首先我要感谢局机关给了我这样一次竞争上岗的机会。我叫李明，今年36岁，毕业于首都经贸大学，今天我竞争的岗位是局××院财务科科长。

自2010年大学毕业后，我一直在我局工作，不同的岗位上都留下了我工作的印记。2010—2016年，我担任二级单位××院财务科科员；2016年至今，我在局财务科任科员、副科长。工作期间，我认真拓展专业知识并积极学习相关的法律知识、财经法规，与同事、财务领导、局领导积极配合，完成二级单位、局内外的数次审计工作，工作细致认真，未出现过失误，保证了单位的利益。在13年的工作经历中，我先后七次被评为先进工作者，工作得到领导和同事的认可。同时，我的工作能力也在不断地锻炼、提高。

这次我竞聘××院财务科科长，如果能够成功，我将着力做好以下几方面的工作：

一、制定一套与时俱进的财务管理办法，使新形势下各种财务行为都得到更为全面有效的规范，提高经济核算水平，增收节支，防止单位资产的流失，保障单位利益。

二、采取有力措施，提高财务科人员的业务素质，加强培训，提高管理能力，明确岗位分工与岗位责任，更为协调、有效地确保单位利益。

三、发挥领导的模范带头作用，投入高度的工作热情，以精湛的业务水平带动全体科员一起发挥更大的力量；以宏大的胸襟团结和包容同事，做事在先，利益在后，严于律己，廉洁奉公，做一名好干部。

如果在这次竞聘中，领导与同事认可我的能力，愿意给我一个在财务科科长岗位上工作的机会，我一定会履行我的承诺，让局党委、院党委放心，做职工满意的好科长！希望各位领导同志、评委、同事们能够支持我！

再次感谢大家！

评析： 这个竞聘词结构、内容完备。称谓与问候语简洁有礼，以感谢之辞开头，亲切而得体，自然拉近竞聘者与听众的心理距离。正文对自己工作经历的简单介绍紧扣竞聘岗位的工作特点，重点突出；对未来工作的思考表达到位。结尾简洁精练，既表现出自信，也表达了决心和祈请的真诚态度。

实践训练

假设你们学校将进行学生会改选，请你作为候选人之一发表竞聘演讲，根据个人意愿，拟写一则竞聘词。

第九章　公文类文书

第一节　通告、通知、通报

一、通告

通告是行政公文的主要文种之一。《党政机关公文处理工作条例》把通告的功能定义为：适用于在一定范围内公布应当遵守或者周知的事项。通告发布者通常是党政机关中业务（职能）部门，也可以是基层单位、社会团体。通告的行文关系既可以是下行文，也可以是平行文。

（一）通告种类

按内容性质划分，通告有两种类型。

1. 制约性通告

制约性通告主要用于要求一定范围对象普遍遵守某些事项。这类通告一般具有法规性质，要求有关组织人员严格遵守，而且要由行政领导机关来发布。

2. 知照性通告

知照性通告主要用于告知大家某件事情，如发生新情况、出现新事物以及需要大家知道新决定等。这类通告大都具有专业性和单一性，往往不具有法规性质，但也有一定约束力。各专业部门、社会团体和企事业单位等都可发布这类通告。

（二）文体格式与写作要求

1. 标题

（1）"发文单位名称+事由+文种"形式，如"教育部关于维护中小学正常教学秩序通告""水利电力部、公安部关于严禁在农村安装电网通告"等，这种标题使人一看便知通告内容。

（2）"发文单位名称+文种"形式，如"×××市通告""×××市公安局通告"等。

（3）只写"通告"两字，这种情况用于对外张贴或在报纸上发表。

2. 正文

正文内容一般包括通告缘由、通告事项、通告结语等。缘由部分位于正文开端，主要介绍通告根据、原因和宗旨；通告事项，如事项较多，可采用条款式写法，把具体规定和要求用简明通俗语言概括出来，表述上要求有纲有目、明确具体。

（1）通告缘由。这部分内容主要用来表达发布通告的背景、目的、意义。

（2）通告事项。这是通告主体部分，文字较多，且内容较复杂。因此，为了做到条理分明、层次清晰，大多采用分条列项写法。

（3）通告结语。这部分写法比较简单，通常冠以"本通告自发布之日起实施"或"特此通告"字样。

3. 落款

以"通告"作标题时，落款应写明发布通告单位名称及成文时间，并加盖发文单位印章。如果发布通告单位名称已出现在标题中，落款则可将单位名称省略，只标注成文时间，并加盖印章。

（三）行文特点和注意事项

1. 法规性

通告常用来颁布地方性的法规，这些法规一经颁布，特定范围内的部门、单位和民众都必须遵守、执行。例如，《××省无线电管理委员会办公室关于清理整顿无线电通信秩序的通告》，针对有关事宜有八条规定；《××市人民政府关于坚决清理非法占道经营的通告》，针对改善交通秩序和市容环境有五条规定。

2. 周知性

通告的内容，要求在一定范围内的人或特定的人群普遍知晓，以使他们了解有关政策法令，遵守某些规定事项，共同维护社会公共管理秩序。

3. 务实性

所有的公文都是实用文，从根本性质上说都应该是务实的。但它们之间还是有一些区别的，有的公文只是告知某事，或者宣传某些思想、政策，并不指向具体事务。通告则是一种直接指向某项事务的文种，务实性比较突出。

4. 行业性

不少通告都具有鲜明的行业性特点，如税务局关于征税的通告，机动车管理部门关于机动车辆年度检验的通告，银行关于发行新版人民币的通告，房产管理局关于对商品房销售面积进行检查的通告等，都是针对其所负责的那一部分的业务或技术事务发出的通告。

因此，通告行文中要时常引用本行业的法规、规章，也免不了使用本行业的术语、行话。

范　文

（知照性通告）

××市总工会关于市区内工会经费由地税机关代征通告

根据《工会法》《××省实施办法》和上级工会组织、税务机关有关文件精神，为了将工会经费收缴工作纳入法制化轨道，从20××年××月××日起，市区内工会经费由地税机关代征。××市总工会、××市地方税务局联合制定的《××市（市区）工会经费代征管理办法》已由市政府批准。现将我市地税代征工会经费工作有关事项通告如下：

一、自20××年××月××日起，××市区范围内，已建立工会组织的各级各类企业和实行企业化管理的事业单位（财政全额拨款党政机关、事业单位除外），按照全部职工工资总额百分之二由地方税务机关代征工会经费。

二、自20××年××月××日起，××市区范围内，开业满一年仍未依法建立工会组织的企业和实行企业化管理的事业单位，按照全部职工工资总额百分之二由地方税务机关代征工会筹备金。

三、自20××年××月××日起，缴费人应于每月××日前（遇法定休假日按照《税收征管法实施细则》规定顺延）向其主管地方税务机关报送《企、事业单位拨缴工会经费申报表》。经主管税务机关审核签章后，将缴费纳入××市地税代征工会经费征集专户，凭有效缴费凭证到××市总工会、××市地方税务局工会经费收缴服务大厅开具《工会经费拨缴款专用收据》，凭《工会经费拨缴款专用收据》在税前列支。

××市总工会
20××年××月××日

评析：这是一篇政府部门关于某个事项的知照性通告。通告中首先列举出制定这项政策的法律依据，做到有法可依、有法可循，然后列出详细的事项，说明该工作的起始时间、涉及范围、工作流程、经办部门等具体事项，能够使被告知者通过通告清晰地了解该事项的变化。

范　文

（制约性通告）

关于清理整顿无线电通信秩序通告

为加强无线电管理，整顿和维护空中电波秩序，根据《中华人民共和国无线电管理条例》《中华人民共和国刑法》《无线电管理处罚规定》和国家其他有关法律、法规规定，决定对我省境内设置、使用无线电台（站）和研制、生产、进口、销售无线电设备情况进行清理整顿，现将有关事宜通告如下：

一、清理整顿范围：凡在我省境内除军事系统外，设置、使用各类无线电台（站）以及研制、生产、进口、销售无线电设备单位和个人。

二、设置、使用无线电台（站），必须事先提出书面申请，到相应无线电管理机关办理涉台审批手续，在规定时间内领取中华人民共和国无线电台执照。未取得无线电台执照或有手续不全而使用，均属违法，按擅自设置、使用进行处罚。

三、任何单位和个人未经国家、省、市无线电管理机关批准，不得擅自转让无线电频率。禁止出租或者变相出租以及擅自以频率作为投资同他人合作进行经营活动；不得擅自使用未经批准的无线电频率；无线电频率使用期满，需继续使用，必须到原批准机关办理续用手续。设置、使用各类无线电发射设备，必须按照国家规定按时、足额缴纳无线电频率占用费，逾期半年未缴纳，将收回频率，所造成一切后果自负。

四、不得随意变更无线电管理机关核定无线电频率、电台呼号、名称、台址、服务范围、通信对象、发射功率等申报项目和有关技术参数，确需变更，必须在××日内向原批准机关办理变更手续。……

……

凡违反上述通告精神，在此通告公布之日起××日内，必须到相应无线电管理机关办理相关手续或说明情况。××日内仍未办理，也不说明情况，将依据国家有关规定进行处理，情节严重，予以查封或没收设备，并处以罚款或吊销其电台执照。干扰正常无线电通信，造成严重后果，按《中华人民共和国刑法》第二百八十八条之规定，提请司法机关追究其刑事责任。

为了保证合法无线电台（站）正当权益，省、市无线电管理机关将在全省开展长期无线电稽查工作，望社会各界给予大力支持和协助，一旦发现违法行为，请及时向省无线电管理委员会办公室法规稽查部门举报。举报电话：×××××××××××。

特此通告。

××省无线电管理委员会办公室

20××年××月××日

评析：这是一篇政府部门关于整顿某行业的制约性通告。通告中首先陈述这项政策制定所遵循的法律依据和整顿的工作范围，做到有法可依、有法可循。然后列出整顿工作的详细事项，最后提出警告，给出整顿的时间范围，具有强烈的警示作用。

二、通知

通知是知照性公文，是向有关机关、人员告知或布置工作事项和应与之共同执行事项的公文，适用于上级机关批转下级机关的公文、转发上级机关和不相隶属机关的公文，发布规章，向下级机关和有关单位传达需要周知或者共同执行的事项，也可以用来任免人员。

（一）通知的特点

（1）使用范围的广泛性。通知不受发文单位级别、性质的限制。

（2）内容的知照性。行文的目的在于知照和晓谕，属于知照性公文。

（3）明显的时效性。一般要求立即办理、执行或知晓，不容拖延。

（二）通知的分类

通知按内容和性质可以分为以下几种。

1. 批转、转发类通知

批转、转发类通知用于批转下级机关，转发上级机关、同级机关和不相隶属机关的公文。被批转或转发的公文则作为附件下发。

（1）批转通知是用于批示转发下级机关发来的公文的通知。这种通知一般针对下级机关的来文加上一则批语转发给所属机关，要求贯彻执行或参照执行。下级机关所制定的政策和采取的行政措施，如已超出本机关职能范围，或在实施时需要得到同级机关的支持和帮助，就需报请上级机关批准。而下级机关的来文一旦被上级机关批转，则具有上级机关的意图，与上级机关的公文具有同等效力，如《国务院批转发展改革委员会等部门〈关于抑制部分行业产能过剩和重复建设引导产业健康发展若干意见〉的通知》。

（2）转发通知可用来转发上级机关、同级机关和不相隶属机关的公文。它是对上级机关、同级机关或不相隶属机关的公文加上按语做出指示、指导或提出参照执行的意见，转发给下级的通知。如果认为上级机关、同级机关或不相隶属机关的公文，对本机关所属下级机关的工作有指示、指导或参考作用，就可转发通知，如《××省人民政府转发国务院关于开展第七次全国人口普查的通知》《××市统计局转发〈关于统计上划分经济成分的规定〉的通知》。

2. 指示性通知

指示性通知在上级机关向下级机关布置工作任务，指示工作方法、步骤时使用，如《××集团关于进一步做好今明两年控制财政支出工作的通知》《关于促进普通高等学校毕业生就业工作的通知》。

3. 知照类通知

知照类通知也称告谕类通知，用于告知各有关方面周知的事项等。像庆祝某个节日，成立、调整、合并、撤销某个机构，启用印章，更正文件差错，请下级机关报送有关材料等，都可用这种通知。它的发送对象广泛，对下级、平级均可发送，如《×××学院关于撤销基建处的通知》《×××市电力局关于错峰用电的通知》。

4. 会议通知

会议通知是告诉有关单位或个人参加会议的通知，如《中共××市委办公室关于召开庆祝中国共产党成立 100 周年座谈会的通知》。

5. 任免通知

任免通知用于任免或聘用下级机关有关人员等，如《××市教育局关于李×任职的通知》。

（三）文体格式与写作要求

通知一般由以下几个部分组成。

1. 标题

通知的标题有多种写法，主要包括以下几种。

（1）发文机关+事由+文种，如"×××大学关于×××、×××等几位同志人事任免的通知"。

（2）事由+文种，如"关于开展学习××××精神活动的通知"。

（3）发文机关+文种，如"××市紧急通知"。

（4）复式标题，用于转发或批转文件，如"××省人民政府关于转发国发〔2023〕8号文件的通知"。

需注意的是，属于批转、转发、发布文件的通知，标题中应写明"批转""转发""发布"等字样。发布规章的通知，所发布的规章名称要出现在标题的主要内容部分，并使用书名号，如《关于印发〈规范国有土地租赁若干意见〉的通知》。批转和转发文件的公文，所转发的文件内容要出现在标题中，但不一定使用书名号，如《国务院办公厅转发教育部等部门关于进一步加快高等学校后勤社会化改革意见的通知》。

2. 主送机关

通知的主送机关可以是一个，也可以是几个，还可以是所有的下属机关、单位、部门，需要几个就写几个。如果是普发性通知，或者是机关、单位内部的通知，可以不写主送机关，直接写正文内容。

3. 正文

通知的正文一般由通知原因、事项、要求三个部分构成。但是，不同类型的通知，在正文的内容上也有一些差异。

批示性通知在上级机关批转下级机关的公文，或转发上级机关、平级机关及不相隶属机关的公文时使用。一般由批示意见和被批示、批转、转发文件的名称构成，主要的是批示意见，在这一部分不仅要表明态度、发表意见和看法，还可以写上要求和希望。

指示性通知是上级机关对下级机关的工作有某项指示和安排，且不适合使用"命令"或"指示"时使用。其缘由部分，可以写上发布通知的原因、目的、根据等，然后用

"特通知如下"等语句过渡到通知事项这一部分。通知事项这一部分一般采用分条列项的方式，提出具体的要求和措施、方法。结尾可写可不写。

事务性通知是上级机关要求下级机关知道或办理某事而发的通知，因此，这类通知涉及的事项比较简单具体，应开门见山，直接说明在什么时间、什么地点、办理什么事情即可，简洁明了。

会议通知是为了召集会议而发布的通知，一般第一部分说明召开会议的原因和目的，第二部分写明召开会议的名称、时间、地点，会议的主要内容和任务，参加会议的相关人员以及一些注意事项。要求内容清晰、准确。

任免通知是上级机关任免干部职务时发布的通知，一般不需要交代任免的原因，只需写清楚任免的根据、时间以及任免人员的姓名和职务即可。

4. 落款

落款是在正文结束后，注明发布通知的机关名称以及发布通知的日期。

（四）行文特点和注意事项

1. 要有针对性

发布通知的目的是回答问题和解决一些实际问题，因此撰写通知一定要从实际出发，有具体的受文对象，所涉及的问题要有典型性和普遍性，并对存在的问题进行深入分析，提出切实可行的意见，不说大话、空话。

2. 要事项明确

不管是哪一种类型的通知，对做什么事、怎么做、做到何种程度、有何要求，都应当具体明确，不能含含糊糊、模棱两可。

3. 要撰写及时

因为通知的现实性和针对性都很强，要及时回答和解决实际问题，所以，制发必须迅速及时，如果延误就会造成不必要的麻烦，甚至导致严重的后果。

范 文

关于依法加强电费回收工作的通知

各市供电局、××供电公司：

长期以来，巨额电费拖欠困扰着电力企业的正常生产经营活动。近几年，经过全省供电企业的努力，电费拖欠总额虽然有一定幅度的下降，但电费回收被动局面还未根本扭转，特别是在一些地区，部分大企业造成的巨额旧欠电费随着时间的推移，其回收难度越来越大，给电费回收工作带来很大的压力。

国家法律制度的进一步完善和健康有序的市场经济体系的建立，为依法收取电费提供了较好的外部环境。因此，依照国家法律法规的规定，采取电费拖欠防范措施和运用多种法律手段清欠电费，加大依法回收电费工作力度势在必行。为此，省公司特提出如下几点意见，请各单位认真贯彻实施。

一、要进一步加强供用电合同管理，注重电费交纳条款的签订，明确用电户电价标准、电费结算方式、交费时间以及违约责任的追究条款。要依据相关法律、行政法规的规定，结合实际情况，运用代位权，撤销权，不安抗辩权，预期违约、报销权等制度，营造依法收、交电费的环境和氛围，维护供电企业的根本利益。

二、对旧欠电费数额较大的用户，要根据相关法律、行政法规的规定，及时采用资产抵押的方式与欠费企业签订抵押协议，办理抵押登记及公证手续并进入财产抵押程序，尽可能减少电费损失。

三、要采用民事诉讼的督促程序，通过向法院申请支付令来回收电费。通过诉讼或督促的法律程序，保护供电企业的债权。

四、要充分发挥舆论作用，通过舆论曝光监督，以使欠资企业按时足额上交电费。

五、要采用技术手段减少电费拖欠。全省在320千伏安以下动力用户一律安装IC卡电能表，特别是对欠费用户应尽快安装使用，对未欠费用户可采用打入10天电量后或结算活期利息等办法进入正常运行。

六、要建立电费收取的风险防范制度。对动力客户经营管理状况和交纳电费等情况开展长期的信用等级动态评估，建立评估信息档案和汇总体系，对信用等级差的用户要及时采取行之有效的法律手段，建立起风险防范制度，最大限度地减少电费拖欠风险。

七、对新欠费用户，要按相关法律法规的规定，依法采取停电催费措施，确保新欠电费的回收。同时，要严格按规定收取电费滞纳违约金。

电费拖欠原因是多方面的，欠费用电户的情况也十分复杂。在电费回收工作中，各单位要深入细致地做好欠费户生产经营活动情况的调查摸底工作，因地、因户、因时制宜，对症下药，采取切合实际、合理有效的法律手段和先进的技术手段，依靠国家法律法规，加大依法收取电费的工作力度。各级营销人员要加强与法律人员的配合，探讨和研究依法收费的办法和程序，从根本上解决长期困扰供电企业电费回收难题，使公司系统的电费回收工作进入法制化轨道，也促使我省电力市场进一步规范有序。

特此通知。

××省供电公司（印章）

××××年×月×日

评析：一文一事，受文对象明确。从实际出发提出问题，并对问题进行深入分析，详尽切实，进而依据问题提出具体的解决方案和措施，有的放矢。制定方案依法依规，条理清晰，切实可行，考虑到了方案实施中出现的多种可能性，具有指导性。

三、通报

通报适用于表彰先进、批评错误、传达重要精神和告知重要情况。通报应用于国家机关、社会团体、企事业单位，适用的范围比较广泛。各级各类机关、单位，只要有一定典型意义的事情、情况，以及重要精神，都可以用通报来传达。

（一）通报的种类

根据内容通报可分为以下三种。

1. 表扬通报

表扬通报用于表扬先进集体、先进人物，树立榜样，宣传典型，推广成功经验。表扬通报在一定范围内进行表彰，从规格上说，低于嘉奖令和表彰决定，如《关于表彰20××年度广东省产业转移目标责任考核评价优秀单位的通报》《省化工总公司党委关于授予张××"优秀共产党员"荣誉称号的通报》。

2. 批评通报

批评通报用于对工作中出现的重大错误、重大事故及不良倾向做出批评，以起到警戒和教育作用。批评通报所通报的事项及事项产生后果，均无处分决定那么严重，如《××市矿业有限公司关于李××所犯错误的通报》。

3. 情况通报

情况通报主要用于通报工作中出现的带有倾向性的新情况、新问题，以引起各级单位的注意，从而采取措施，做好工作，如《关于×××等8个市贯彻落实××省加强建设工程项目开工管理若干规定情况的通报》。

（二）通报的特点

1. 告知性

通报的内容，常常是把现实生活当中一些正（反）面的典型或某些带倾向性的重要问题告诉受众，让其知晓、了解。

2. 教育性

通报的目的，不仅仅是让受众知晓内容，它的主要任务是在受众知晓内容之后，从中接受先进思想的教育，或警戒错误，引起注意，接受教训，这就是通报的教育性。这一目的不是靠指示和命令方式来达到的，靠的是正、反面典型的带动，真切的希望和感人的号召力量，使受众真正从思想上确立正确的认识，知道应该怎么做。

3. 政策性

政策性并不是通报独具的特点，其他公文也同样具有这一特点。可是，作为通报，尤其是对表扬性通报和批评性通报来说，在这方面显得特别重要。因为通报中的决定（即处理意见）直接涉及具体单位、个人或事情的处理，此后也会牵涉到其他单位、部门效仿执行的问题。决定正确与否，影响颇大。因此，必须讲究政策依据，体现党和国家的政策。

（三）文体格式与写作要求

1. 标题

通报的标题也有多种写法。

（1）发文机关+事由+文种，如"××省税务局关于税务经费清理检查情况的通报"。

（2）事由+文种，如"关于对王××同志处分的通报"。

（3）发文机关+文种，如"×××县水利局通报"。

（4）只写"通报"两个字，适用于机关、单位内部不需要对外公布的情况。

2. 主送机关

如果是普发性通报，或者是机关、单位内部的通报，可以不写主送机关，直接写正文内容。如果是一般性通报，就应标明限定范围内有关机关、单位的名称。

3. 正文

（1）表扬通报或批评通报。表扬通报或批评通报由通报事实、分析评价、有关决定及希望要求四部分组成。

第一部分是事实。首先要概述主要先进事迹或反面典型的主要问题。这部分要注意做到要素齐全，写清时间、地点、人物、基本事件过程，但不能展开文学式的描述，而是简洁地概述。

第二部分是分析评价。鉴于通报的导向性，这部分要针对有关事实进行分析，或揭示意义、经验，或剖析原因、教训，从而表明发文机关的意图与态度。评论要注意紧扣事实、恰如其分。

第三部分是有关决定。写明何时、何机构、何会议做出的决定。表扬通报写明给予表扬对象什么样的表扬和奖励（注意，要先写精神奖项，再写物质鼓励）。批评通报要写明惩罚决定。对个人单一错误事实进行处理时，要写明处理的依据（如依据何规定、根据何制度）。对普遍存在的错误现象或问题，要提出整治、纠正的方法措施。如果内容复杂，可分条列项地写。

第四部分是希望要求。这是通报主旨的具体体现，要紧密结合被表扬或被批评的事件行为，根据发文机关的身份，针对受文对象，提出具有普遍指导和教育意义的希望和要求。

（2）情况通报。情况通报的正文包括情况及分析、提出要求两部分。

第一部分是情况及分析。工作情况通报：第一要肯定已经取得的成绩，还可以表扬一些成绩突出的单位，最好写明取得成绩的原因，以使受文单位得到鼓励；第二要指出工作中存在的主要问题，也可以批评一些问题严重的单位，并最好说明问题产生的原因，以引起受文单位的重视，努力解决问题。如果是通报一些突发事故或事件，第一要把事故或事件的情况（包括时间、地点、当事人、大概经过和结果）交代清楚，第二要分析事故发生的原因与影响，使受文对象对情况有清楚的了解。

第二部分是提出要求。针对工作中存在的问题或事故、事件发生的原因，对受文单位、部门提出改进要求和应当注意的事项。要求不只一点时，可分条列项，以便于执行。

4. 落款

落款写在正文下方靠右，发文机关名称在上，成文日期在下。如果标题中已经有发文机关的名称，那么结尾处可以省略，只注明日期即可。日期也可写在标题的正下方，结尾处省略不写。

（四）行文特点和注意事项

1. 事例的典型性

通报所反映的事情和传达的情况必须具有典型性，这样才具有普遍意义和指导作用，为以后的工作提供经验，为政策措施的制定提供依据。

2. 评价的中肯性

分析要实事求是、抓住本质，不要停留在表面，也不能随意扩大或缩小事情的影响，既要掌握分寸又要揭示实质。

3. 要掌握时效性

通报应迅速及时地反映最近发生的事情，不能拖延，否则就会失去其作用。

范文

农业农村部办公厅关于2022年农药监督抽查结果的通报

农办农〔2023〕13号

各省、自治区、直辖市农业农村（农牧）厅（局、委），新疆生产建设兵团农业农村局：

根据农业农村部2022年农药监督抽查工作部署，20个省（自治区、直辖市）农业农村部门及24家农药检验检测机构，采取随机抽查、重点抽查及专项抽查相结合的方式，完成了2022年部级农药监督抽查。现将有关情况通报如下。

一、抽查结果

2022年我部组织抽查农药样品3 615个（其中有7个样品因复检样品寄送丢失等原因按无效样品处理，电商销售农药抽检样品107个，已另行通报）。本次纳入统计的样品

3 501个，合格样品 3 370 个，总体合格率为 96.3%，比 2021 年农药监督抽查总体合格率 95.4%提高 0.9 个百分点。不合格样品 131 个，不合格率为 3.7%，其中检出假农药（标明的有效成分未检出或擅自加入其他农药成分）53 个，占检测样品总数的 1.5%，占不合格样品数的 40.5%。不合格产品按标称生产企业被检出次数排序汇总情况详见附件 1，不合格产品按被抽查单位次数排序汇总情况详见附件 2。抽检结果具有以下五个特点。

（一）例行抽查产品合格率较高。共随机抽检农药样品 2 722 个，合格样品 2 627 个，合格率为 96.5%，比总体合格率高 0.2 个百分点；比 2021 年例行抽查合格率 96.0%提高 0.5 个百分点。

（二）专项抽查产品质量合格率略有下降。本次对生物农药、灭生性除草剂开展了专项抽查，共抽查 750 个产品（专项抽查和重点抽查有重合），合格产品 709 个，合格率 94.5%，比 2021 年专项抽查产品质量合格率（95.2%）降低 0.7 个百分点。其中，抽检敌草快等灭生性除草剂产品 639 个，合格样品 607 个，合格率为 95.0%，比 2021 年灭生性除草剂合格率（96.6%）降低 1.6 个百分点；分别在敌草快、草铵膦 5 个产品中检出百草枯，占灭生性除草剂样品的 0.8%，占不合格灭生性除草剂样品的 15.6%。抽检生物农药样品 111 个，合格样品 102 个，合格率 91.9%，比 2021 年生物农药产品合格率（90.2%）提高 1.7 个百分点；9 个不合格样品中，有 6 个标明有效成分未检出，有 4 个擅自添加化学农药成分，且有 1 个添加高毒农药克百威。

（三）重点抽查产品的合格率偏低。本次对往年涉及问题较多的生产企业所生产的产品开展重点抽查，共抽查了 457 个农药样品（重点抽查和专项抽查有重合），合格样品 432 个，合格率为 94.5%，比总体合格率低 1.8 个百分点，比 2021 年重点抽查合格率（91.7%）提高 2.8 个百分点。其中假农药 9 个，占重点抽查发现不合格产品的 36%。

（四）单剂产品质量高于混剂产品。在检测的 3 501 个农药样品中，单剂 2 506 个，占检测总数的 71.6%，质量合格 2 424 个，合格率 96.7%；混剂 995 个，占检测总数的 28.4%，质量合格的 946 个，合格率 95.1%。

（五）杀虫剂质量合格率低于杀菌剂、除草剂产品。在检测的 3 501 个农药样品中，杀虫剂 1 483 个，占检测总数的 42.4%，质量合格的 1 421 个，合格率 95.8%；杀菌剂 648 个，占检测总数的 18.5%，质量合格的 633 个，合格率 97.7%；除草剂 1 201 个，占检测总数的 34.3%，质量合格的 1 156 个，合格率 96.3%；其他 169 个，质量合格的 160 个，合格率 94.7%。

二、主要问题

从检测情况来看，不合格产品主要存在以下四方面问题（同一产品同时存在几种情况的，重复计算）。

（一）标明的有效成分未检出。标明的有效成分未检出的产品有 39 个，占质量不合格产品的 29.8%。未检出的农药有效成分有：阿维菌素、胺菊酯、高效氯氰菊酯、顺式氯氰菊酯、烯啶虫胺、毒死蜱、马拉硫磷、茚虫威、苏云金杆菌、苦参碱、印楝素、苯醚甲环唑、甲基硫菌灵、氟环唑、三环唑、烯酰吗啉、辛菌胺醋酸盐、噻呋酰胺、草铵膦、草甘膦异丙胺盐、二氯喹啉酸、2甲4氯钠、24-表芸苔素内酯、28-表高芸苔素内酯、胺鲜酯、赤霉酸（A4+A7）等。

（二）检出其他隐性农药成分。产品中擅自添加其他农药成分的有26个，占质量不合格产品的19.8%。其中，在1个印楝素产品中检出高毒农药克百威和限制使用农药丁硫克百威，在1个毒死蜱产品中检出高毒农药克百威，在1个高效氯氰菊酯产品中检出毒死蜱。在4个敌草快产品和1个草铵膦产品中检出百草枯（见附件3），在阿维菌素、甲氨基阿维菌素苯甲酸盐等4个产品中检出的二氯异丙虫酰胺属于未登记化合物。

（三）有效成分含量、安全控制项目不符合标准要求。产品中含有标明的有效成分，但达不到标准要求的有83个，占质量不合格产品的63.4%。产品中有效成分外的安全控制项目达不到标准要求的有12个，占质量不合格样品的9.2%。

（四）假冒或伪造农药登记证号。涉嫌非法生产的产品共5个（见附件4）。假冒、伪造农药登记证号的样品有9个，占质量不合格样品的6.9%。

三、处理意见

（一）依法查处违法生产经营单位。对产品质量不合格，未取得农药登记、假冒和伪造农药登记证号的，农药经营者和标称生产企业所在地农业农村部门要及时依法查处，情节严重的要从严从重处罚。涉及吊销农药登记证的，及时报告农业农村部农药管理司。本次抽查中，发现经营2种以上假劣农药的经营单位有8家（见附件5），生产2种以上假劣农药的标称生产企业有17家（见附件6），非法添加百草枯等禁用农药的标称生产企业5家，今后要把上述经营单位和生产企业列为重点监管对象，加强日常执法检查，发现问题依法处理。

（二）对非法添加百草枯等重点监督抽查产品要追查来源。农业农村部自2017年连续开展专项监督抽查以来，灭生性除草剂中检出非法添加百草枯的比例持续下降，由2017年的3.8%降低至2022年的0.8%，敌草快中检出百草枯的比例由19.0%降低至1.4%。各地农业农村部门要继续加强对非法添加百草枯产品的监督检查，紧盯不放。经营单位所在地和标称生产企业所在地的农业农村部门要根据经营台账、物流信息、银行流水等追查不合格产品的来源，依法查处违法行为。涉嫌犯罪的，依法移送司法机关。

（三）依法打击无证生产农药的行为。对于无证生产农药及其产品（见附件4），经营单位所在地和标称生产企业所在地的农业农村部门要认真依法追查不合格产品的来源，经营单位所在地农业农村部门要牵头追查，依法查处非法生产经营者，坚决一查到底，从重从快打击，涉嫌犯罪的，依法移送司法机关。

请有关省（自治区、直辖市）农业农村部门于 2023 年 6 月 30 日前将相关核查处理情况总结及监督抽查查处情况汇总表（见附件 7）报农业农村部（电子版发邮箱 pmd@agri.gov.cn；纸质文件邮寄北京市朝阳区农展馆南里 11 号农业农村部农药管理司，电话 010-59192810）。

附件：

1. 不合格产品按标称生产企业被检出次数排序汇总表.xlsx

2. 不合格产品按被抽查单位次数排序汇总表.xlsx

3. 非法添加百草枯产品汇总表.xlsx

4. 无证生产企业及其产品汇总表.xlsx

5. 监督抽查发现的经营 2 种以上假劣农药的经营单位.xlsx

6. 监督抽查发现的涉及 2 种以上假劣农药的标称生产企业.xlsx

7. 2022 年农药监督抽查查处情况汇总表.doc

农业农村部办公厅
2023 年 4 月 6 日

评析： 范文中通报事项首先用数据呈现出详细的调查结果，体现出通报事项的真实性和可信度。主要问题的分析全面、切实且精准，能够抓住问题的本质并数据化，能使被通报者明白问题所在。在处理意见中有具体的工作要求和指导，能够依据所列出的问题有针对性地提出建设性的见解，具有实际的指导作用。

实践训练

1. 2023 年 9 月 1 日，学校教务处将要在公教楼 101 教室召开 2023 级新生座谈会，请为教务处写一份通知。

2. 某校临床学 2021 班李小辉同学在英语等级考试中夹带与考试有关的资料进入考场，并有抄袭行为，经监考老师发现并进行教育之后仍不改正，故被当场取消考试资格。经学院研究决定给予留校察看一年的处分。请代该校为此事写一篇通报，可适当补充所需素材。

3. 小组讨论通告和通报的区别。某市的市场监督管理局经走访发现当地酒店市场经营秩序混乱，市场监督管理局就该问题发布通告还是通报，为什么？

第二节　请示、报告

一、请示

请示是下级机关向上级机关请求决断、指示、批示或批准事项时使用的呈批性公文。请示属于上行公文，凡是下级机关自己无力解决的问题，或超出自己职权范围的问题，以及有关政策方针的解释等问题都需要向上级请示，请求上级给予帮助和解决。

(一) 请示的分类

按照内容和性质的不同，可将请示分为请求指示性请示和请求批准性指示。

1. 请求指示性请示

这类请示多涉及政策、认识上的问题。下级机关在执行政策遇到困难或出现新的情况，或执行政策时尚有不太清楚明了的地方，或对上级机关的某个决定有不同的看法，可以向上级机关呈送请求指示性请示。

2. 请求批准性请示

下级机关就某项工作、某个问题请求上级机关给予审定、核准、许可，或在人、财、物等方面有困难，需要上级给予帮助解决的，用请求批准性请示。

(二) 文体格式与写作要求

请示内容一般包括以下几个部分。

1. 标题

请示的标题一般有两种写作方法。

(1) 发文机关+事由+文种，如"××市人民政府关于××××××的请示""××县食品公司关于请拨购买加工设备资金的请示"。

(2) 事由+文种，如"关于开展春节拥军优属工作的请示""关于妥善解决当前粮食仓库管理问题的请示"。

2. 主送机关

请示的主送机关是指负责受理和答复该文件的机关。每个请示只能写一个主送机关，不能多头请示。如果需要同时报送其他上级机关，可以用抄送的形式。

3. 正文

请示的正文一般由开头、主体和结尾三部分组成。

（1）开头。这一部分主要交代请示的缘由。它是请示事项能否成立的前提条件，也是上级机关批复的根据。请示的缘由应紧紧围绕要求解决的事项或问题，开门见山，理由既客观具体、简洁明确，又充分透彻、具有说服力，这样才能让上级机关及时决断，给予有针对性的批复。

（2）主体。这一部分主要说明请求的事项。它是向上级机关提出的具体请求，也是陈述缘由的目的所在。这部分要求内容单一，只宜请示一件事，而且请示的事项要写得具体、明确、条理清楚，也可以提出自己的看法和处理意见，以便上级机关参考并给予明确的批复。

（3）结尾。请示的结尾应另起一段，习惯用语一般有"当否，请批示""妥否，请批复""以上请示，请予审批""以上请示如无不妥，请批转各地区、各部门研究执行"等。这是对上级机关的尊重，要求用语恳切。

4. 落款

在正文的右下方注明发文机关并加盖印章，在发文机关下方注明成文日期。如果标题中已有发文机关，则此处可以省略，直接写上成文日期即可。

（三）行文特点和注意事项

1. 一文一事

请示事项要单一，一个请示不能请示数件事情，只能请示一件事情。

2. 理由充分

为了让上级领导充分了解情况，认同所请示问题的必要性，一定要充分阐释原因。只有理由合情合理，富有说服力，才能达到目的。

3. 事项明确

请示的事项必须具体明确，不能模糊不清，也不能太笼统，否则上级无法答复。

4. 语气诚恳

撰写请示的语气一定要诚恳，以引起上级的重视，既不能出言生硬，也不要低声下气。

（四）请示与报告的区别

请示和报告都是上行文。正确理解和使用这两种文种，一个重要的方面就是要把握请示与报告的区别。

1. 行文目的、作用不同

报告用于向上级汇报工作、反映情况、提出建议，主要目的在于信息的呈报，报告中不能夹带请示事项，一般不需要上级的答复；而请示则旨在上级的批准、指示，需要上级明确批复。

2. 涉及内容不同

请示涉及的是下级机关无权或无力解决的问题，以及按规定应由上级机关决断的问题；报告则是向上级呈报本单位的工作情况或新出现的重大情况和特殊情况。

3. 行文时间不同

报告的行文时间比较灵活，事前事后均可行文；请示则必须事前行文，否则可能构成越权。

4. 受文机关处理方式不同

报告一般属于阅件，上级机关阅后了解情况即可；而请示均属办件，上级收到请示后，不管意见如何，都必须按公文程序处理，并及时批复。

范 文

××市育才中学关于新增一名语文教师的请示

××市教育局：

我校是市重点中学，多年来，教育工作得到了政府和社会各界的充分肯定。2022年3月，我校原教师×××因为工作需要，调离本校到市××局工作，他原先承担的语文教学工作都是由本校的其他教师代课完成的。目前，我校的师资力量严重缺乏，每位教师都承担着紧凑的教学任务，无法再安排代课任务。为了不影响今后教育工作的正常进行，需要及时调进一名教师，担任语文教学工作。

妥否，请批示。

××市育才中学

2023年6月1日

评析：一文一事，请示事项第一部分先陈述理由，所述理由要详尽而充分，要具有说服力，进而提出需求。该请示语言简明扼要，条理清晰，言辞恳切，突出请示事项的重要性，以引起上级单位的重视。

二、报告

报告是向上级机关汇报工作、反映情况、提出意见或建议，以及答复上级机关询问的陈述性公文。

报告是上行文，是下级机关用于向上级机关反映情况、汇报工作、反馈信息、取得帮助、获得指导的一种重要文书，它是上级获得下级信息和情况的重要渠道。上级机关可以根据下级机关的报告制定相应的政策，采取相应的措施，给下级机关以建议和指导。通过这种相互关系下情上达，加强上下级之间的联系，有利于工作的顺利进行。

（一）报告的分类

根据性质的不同，报告可分为综合报告和专题报告两种；根据时间期限的不同，报告可分为定期报告和不定期报告两种；根据内容的不同，报告可分为工作报告、情况报告、建议报告、答复报告和递送报告等。

需要说明的是，有些专业部门使用的报告文书，例如"调查报告""审计报告""咨询报告""立案报告""评估报告"等，虽然标题也有"报告"字样，但其概念、性质和写作要求与行政公文中的报告不同，不属于行政公文范畴，不应与之混淆。

以下为按内容划分的几种报告。

1. 工作报告

工作报告是向上级机关或重要会议汇报工作情况的报告。它主要用以总结工作，反映某一阶段、某个方面贯彻落实政策、法令、批示的情况。

2. 情况报告

情况报告是用于向上级反映工作中的重大情况、特殊情况和新动态等的报告。这种报告便于上级机关根据下级情况，及时采取措施，指导工作。

3. 建议报告

建议报告宜在下级机关就工作中的重大问题和事项专门向上级机关提出建议时使用。

4. 答复报告

答复报告是针对上级机关向下级机关提出询问或要求，经过调查研究后所作的陈述情况或者回答问题的报告。

5. 递送报告

递送报告是以报告的形式，向上级呈报其他文件、物件的说明性公文。

（二）报告的特点

1. 行文的单向性

报告是下级机关向上级机关行文，旨在为上级机关提供情况，不需要受文单位批复，属单向行文。

2. 表达的陈述性

报告用于汇报工作、反映情况，应具体地陈述本部门、本单位贯彻执行各项方针、政策的情况，某一阶段做了哪些工作，怎么开展的，取得了哪些成绩，存在什么问题，表达手法是叙述和说明。

（三）文体格式与写作要求

报告一般分为以下几个部分。

1. 标题

报告的标题有两种写作方法。

（1）发文机关+事由+文种，如"铁道部关于××次列车发生事故的报告""××市政府关于创建国家卫生城市的报告"。

（2）事由+文种，如"关于进一步开展学习×××同志的报告""关于加强全市消防安全工作的报告"。

2. 主送机关

报告的主送机关可以是一个，也可以是几个。主送机关应顶格写于标题下一行，后面用冒号。

3. 正文

报告的正文大致可以分为三部分，即开头、主体和结尾。

（1）开头。这一部分主要交代报告的原因，简要说明报告的目的、意义或根据，也可以交代写作的背景材料，然后用"现将××情况报告如下"一个过渡句，转入下文。

（2）主体。这一部分是全文的中心部分，主要阐述报告的具体内容，交代详细情况。不同类型的报告，主体写作内容也会有所差别。

工作报告是把本部门的日常工作情况向上级机关进行汇报，主要内容应该是把工作情况进行全面的总结，在总结情况的基础上，重点提出下一步的工作安排建议。一般采用分条列项的形式，结构简单，条理清晰。

建议报告是下级机关就某项工作向上级机关提出建议性意见时所写的报告。重点应放在提出的建议上，也应采用分条列项的形式。

答复报告是下级机关根据真实、全面的情况，按照上级机关的询问和要求回答问题、陈述理由或汇报所交办事情的结果的报告。开头应写明是对哪一件公文的答复，然后根据询问的内容进行一一答复。

递送报告是下级机关向上级机关报送材料时写的简要说明，因此写作时只需要写清楚报送的材料（文件、物件）的名称、数量即可。

（3）结尾。报告的种类不同，结语也不尽相同，一般应另起一段来写。工作报告和情况报告的结语常用"特此报告""以上报告请审阅"等；建议报告常用"以上报告如无不妥，请批转各地、各部门贯彻执行"等；答复报告多用"专此报告"等；递送报告则用"请审阅""请审批"等。

4. 落款

正文结束后，在正文的右下方注明发文机关，成文时间写在发文机关的下方。

（四）行文特点和注意事项

1. 严格使用文种

报告不得夹带请示事项，否则会因"报告"不需批复而影响请示事项的处理和解决。

2. 材料要真实

向上级机关汇报工作应该本着实事求是的态度，如实汇报。无论是成绩还是失误，都应该全面、真实地反映，不能只报喜不报忧，也不能夸大和虚构。

3. 主旨鲜明

报告的内容一般涉及的面宽且复杂，很容易写得篇幅较长而重点又不够突出，导致泛泛而谈。这就要求在撰写时，力求观点鲜明、条理清楚、简洁深刻。

范 文

度假区 2021 年政府信息公开工作年度报告

根据《中华人民共和国政府信息公开条例》和《昆明市人民政府办公室关于做好 2021 年政府信息公开工作年度报告编制公布工作的通知》文件要求，结合度假区各部门和大渔街道政府信息公开年度报告，由度假区综合管理部编制度假区 2021 年政府信息公开年度报告。本年度报告所列数据统计期限为 2021 年 1 月 1 日—12 月 31 日。如对报告有疑问和意见建议，请与度假区综合管理部联系（地址：昆明市××路×××号，度假区管委会大楼×××室，邮编：650228，联系电话：0871-6498××××）。

一、总体情况

2021 年，度假区认真贯彻落实《中华人民共和国政府信息公开条例》和《昆明市政府办公室关于印发昆明市 2021 年政务公开工作要点分工方案的通知》要求，印发了《度假区 2021 年政务公开工作要点分工方案的通知》，明确各部门公开要求，将政务公开工作完成质效纳入全区绩效目标，指导和监督各部门积极开展政务公开工作。

（一）主动公开方面。对照目标任务，坚持政府信息网上公开"量""质"并举，政府信息网上公开全面、及时、准确有效。全年通过度假区门户网站统发布政府文件、领导动态、重大项目等有效信息 2 073 条。落实政府政策文件解读机制，按照政策文件与解读方案、解读材料"三同步"要求开展政策解读工作，2021 年规范发布解读材料 4 件。

（二）依申请公开方面。度假区按照"稳步推进、逐步规范、有效回应"的工作原则，加强依申请公开制度建设。建立健全政府信息公开申请接收、登记、办理、审核、答复、归档等各环节的规范制度，严格按照法定时限履行答复程序，规范依申请公开流程。2021 年，办理政府信息依申请公开 1 件，并按期答复。

（三）政府信息管理方面。制定出台度假区 2021 年度政府信息公开工作要点，明确工作任务和各单位责任分工；严格执行政府信息公开保密审查制度，按照"谁公开、谁审查、谁负责""先审查、后公开""一事一审"的工作原则，扎实推动政府信息公开保密审查程序与信息发布程序有机结合，确保从源头上把好保密关。加强政府网站与政务新媒体监督，采取日常监督和定期监测相结合的方式，在日常巡检过程中发现的问题，督促责任部门限期整改，全力杜绝僵尸栏目、僵尸政务新媒体等现象。

（四）加强平台建设。进一步优化整合网站功能建设，提升度假区政府网上履职能力和服务水平，持续加强政府网站内容建设和信息发布审核。促进移动新媒体健康发展，将整合后保留的政务新媒体账号纳入常态化监管，做到政务新媒体功能定位准确、建设运维规范、监督管理到位。

（五）监督保障。不断完善部门主要领导亲自抓、分管副部长具体抓、科室人员抓落实的常态管理机制，坚持日常管理与量化考评相结合，继续将政务公开工作作为专项指标纳入全区年度目标管理考核，分值权重占4%，考核评价程序经得住推敲，考核结果真实准确，为度假区下步政务公开工作部署提供重要依据和参考。加强政府网站和政务新媒体信息发布日常监测，做到监测反馈问题及时整改，有力推进政府网站和政务新媒体监管效能不断提升。

二、主动公开政府信息情况（表1）

表1　政府信息公布情况

第二十条第（一）项			
信息内容	本年制发件数	本年废止件数	现行有效件数
规章	0	0	0
行政规范性文件	1	0	2
第二十条第（五）项			
信息内容	本年处理决定数量		
行政许可	287		
第二十条第（六）项			
信息内容	本年处理决定数量		
行政处罚	390		
行政强制	0		
第二十条第（八）项			
信息内容	本年收费金额（单位：万元）		
行政事业性收费	0.785		

三、关于收到和处理政府信息公开申请的情况（表 2）

表 2　收到和处理政府信息公开申请的情况

（本列数据的钩稽关系为：第一项加第二项之和，等于第三项加第四项之和）			申请人情况					
		自然人	法人或其他组织					总计
			商业企业	科研机构	社会公益组织	法律服务机构	其他	
一、本年新收政府信息公开申请数量		1	0	0	0	0	0	1
二、上年结转政府信息公开申请数量		0	0	0	0	0	0	0
三、本年度办理结果	（一）予以公开	0	0	0	0	0	0	0
	（二）部分公开（区分处理的，只计这一情形，不计其他情形）	0	0	0	0	0	0	0
	（三）不予公开　1. 属于国家秘密	0	0	0	0	0	0	0
	2. 其他法律行政法规禁止公开	0	0	0	0	0	0	0
	3. 危及"三安全一稳定"	0	0	0	0	0	0	0
	4. 保护第三方合法权益	0	0	0	0	0	0	0
	5. 属于三类内部事务信息	0	0	0	0	0	0	0
	6. 属于四类过程性信息	0	0	0	0	0	0	0
	7. 属于行政执法案卷	0	0	0	0	0	0	0
	8. 属于行政查询事项	0	0	0	0	0	0	0
	（四）无法提供　1. 本机关不掌握相关政府信息	0	0	0	0	0	0	0
	2. 没有现成信息需要另行制作	0	0	0	0	0	0	0
	3. 补正后申请内容仍不明确	0	0	0	0	0	0	0
	（五）不予处理　1. 信访举报投诉类申请	0	0	0	0	0	0	0
	2. 重复申请	0	0	0	0	0	0	0
	3. 要求提供公开出版物	0	0	0	0	0	0	0
	4. 无正当理由大量反复申请	0	0	0	0	0	0	0
	5. 要求行政机关确认或重新出具已获取信息	0	0	0	0	0	0	0
	（六）其他处理　1. 申请人无正当理由逾期不补正、行政机关不再处理其政府信息公开申请	0	0	0	0	0	0	0
	2. 申请人逾期未按收费通知要求缴纳费用、行政机关不再处理其政府信息公开申请	0	0	0	0	0	0	0
	3. 其他	1	0	0	0	0	0	1
	（七）总计	1	0	0	0	0	0	1
四、结转下年度继续办理		0	0	0	0	0	0	0

四、关于政府信息公开行政复议、行政诉讼的情况（表3）

表3　政府信息公开行政复议、行政诉讼的情况

行政复议					行政诉讼									
					未经复议直接起诉					复议后起诉				
结果维持	结果纠正	其他结果	尚未审结	总计	结果维持	结果纠正	其他结果	尚未审结	总计	结果维持	结果纠正	其他结果	尚未审结	总计
2	0	1	0	3	3	0	1	0	4	1	0	0	1	2

五、存在的主要问题及改进情况

2021年，度假区政府信息公开取得一些成绩，同时，也存在在一定不足。一是有待进一步提升工作意识。部分部门对政务公开工作认识不到位，公开意识不够强，工作落实不到位，公开信息的质量有待提升，与群众需求还有一定的距离。二是队伍建设有待加强。政务公开工作人员整体专业素养不强，人员变动大，工作内容交接不及时，制约了政务公开整体工作水平的提高。三是政务公开"含金量"不足。部分单位所发布的多是新闻动态、工作动态，实用信息不多、互动性不强。

2022年，度假区将继续严格按照政务公开有关要求全力做好政务公开工作。一是进一步规范政务公开，采取多形式、多渠道进行政务公开，拓宽政务公开覆盖面；二是进一步加强队伍建设，加大培训力度，提升政务公开工作人员业务素养和政务公开意识；三是提高公开信息质量，将涉及人民群众切身利益的事项作为公开重点，切实满足群众的新期盼。

六、其他需要报告的事项

依据《政府信息公开信息处理费管理办法》，2021年发出收费通知件数为0，收取金额为0。

度假区综合管理部

2022年2月7日

评析：这是一篇政府相关部门工作报告。报告中首先陈述该部门年度工作落实情况，条理清晰，内容详细。第二部分以表格和数据的形式呈现出工作具体内容，分门别类，简洁明了。在存在的主要问题和改进情况中能够依据事实逐条梳理问题，并根据问题提出改进建议。

实践训练

1. 为丰富学生业余文化生活，你所在的学院策划举办一场汉服展示秀，请你写一份请示提交至校团委办公室，可适当补充所需材料。

2. 会计2021级（1）班将于下周一晚19点举行一次主题班会，你作为班长，需拟写一份使用教室的申请报告，可适当补充所需材料。

第十章　科研类文书

第一节　调查报告

调查报告是由某一组织或社团，根据特定需要，运用科学的方法，对某一事物、问题、事件进行调查研究之后，写成的有事实、有观点、有分析、有结论的向社会提出建议或提议社会成员共同去做某事的书面报告，在现实社会中有着较广泛的使用价值。

（一）文体特性述要

调查报告分为四种类型：反映情况的调查报告、典型经验的调查报告、新生事物的调查报告和揭露问题的调查报告。

调查报告有以下几个特点。

第一，针对性。这一点体现在撰写目的上：一是为决策者提供决策的依据；二是发现典型；三是让领导机关了解情况。

第二，写实性。调查报告的主旨是揭示客观事物的本质和规律。

第三，逻辑性。调查报告采用叙议结合的方式，条理清晰地叙述事实。

（二）文体格式与写作要求

调查报告由标题、前言、主体、结尾和落款组成。

1. 标题

调查报告的标题一般有单标题和双标题两种。

（1）单标题。由调查对象+调查内容+文种组成，如"一个富裕居委会的财务调查"。

（2）双标题。双标题由正副标题组成，其中正标题揭示报告的主旨或表明主要观点，副标题标明调查的对象和内容，如"放开经营、一举四得——郑州市实行蔬菜购销体制改革的调查"。

2. 前言

前言又称开头。这一部分主要简明扼要地介绍调查的目的、对象、经过等基本情况。调查报告的前言一般要根据主体部分组织材料的结构顺序来安排，常用的有以下几种类型。

（1）提要式。提要式就是把调查对象最主要的情况进行概括，使读者开篇就对其基本情况有大致的了解。

（2）交代式。在开头简单地交代调查的目的、方法、时间、范围、背景等，使读者在开篇就对调查的过程和基本情况有所了解。

（3）问题式。在开头就提出问题，引起读者对调查课题的关注，促使读者思考。可以采用提问的方式引出问题，也可以直接将问题摆出来。

3. 主体

主体内容是一篇调查报告的主干，是调查报告的核心部分。主体通常以叙述为主，叙议结合。在写作调查报告的主体部分时，要注意观点材料的组织和布局结构的安排。

（1）观点材料的组织。写任何调查报告都要确立明确的观点。全篇要确立总观点，各个组成部分也要确立服从总观点的分观点。总观点要囊括分观点，分观点要说明总观点。总观点和分观点都是从调查的材料中分析研究得出的，但要根据总观点和分观点去组织材料，使材料为观点服务，材料和观点有机统一起来。

新生事物的调查报告要按其产生、发展的过程，揭示其成长的规律，说明其意义和作用。其表达的顺序是"产生过程—具体做法—意义作用"。

典型经验的调查报告重在介绍有代表性、科学性以及能对工作起推动和指导作用的典型经验。其表达的顺序是"成果—做法—经验"或"做法—经验—成果"。

反映情况的调查报告内容比较广泛、全面，篇幅较长，叙述较详细。其内容表达的顺序是"情况—结果—问题—建议"。

揭露问题的调查报告要具体阐明问题的真实情况，分析问题产生的原因，揭露问题的实质，以引起人们的重视，从而提高认识、吸取教训、推动工作，同时也为领导机关了解情况、解决问题提供依据。其表达的顺序是"问题—原因—意见和建议"

（2）布局结构的安排。调查报告是文字篇幅较长的应用文体，应当精心地安排好布局结构。一般来说，调查报告的结构主要有以下几种。

① 横式结构。这种结构是把材料分成几个部分来写，每个部分观点鲜明，中心突出。采用这种结构形式，要处理好各部分之间的关系，如并列关系、因果关系、分总关系、主从关系等，都应妥善安排。

② 纵式结构。这种结构是按调查事件发生、发展的先后顺序，从头至尾加以阐明。

③ 综合式结构。这种结构安排兼有横式、纵式的特点，相互结合地安排材料。

4. 结尾

调查报告的结尾多为结论和建议。有的调查报告已在每个部分进行了小结，主体一完，全文自然结束，没有必要再写结尾；有的虽在每个部分进行了小结，但如果需要，也可以在结尾部分表示决心，或提出意见和建议，指明努力方向，启迪人们进一步探索或开拓。总之，调查报告的结尾要简短有力、干净利落。

5. 落款

署名可写在标题或副标题的正下方，也可写在正文后面的右下方。日期应写在正文的右下方。

（三）行文特点和注意事项

调查报告的写作要求有以下几点。

（1）要深入细致，做好调查研究工作。

（2）要实事求是，详尽地收集材料。

（3）要认真分析，揭示事物的本质规律。

（4）要精心筛选，做到材料与观点统一。

范 文

我校学生对食堂的满意程度及看法的调查

我校学生会权益部于20××年××月××日在校园里开展了一次关于学校食堂的调查活动，本次活动调查的主要目的是了解我校学生对食堂的满意程度及看法。本次调查主要是通过随机填写问卷调查的方式完成的，并通过调查事实分析，形成调查报告，具体如下。

一、调查背景

古人云"民以食为天"，在当今的大学里，学校食堂是在校大学生一日三餐就餐的地方，是每个同学必到的场所，食堂的好坏影响着大学生的生活、学习以及健康状况。食堂既是学校硬件设施之一，又是学校管理的重要组成部分，为了给老师和同学营造和谐的就餐环境，使老师和同学得到更好的饮食服务。在校学生会的指导下，校学生会权益部集中开展了一场关于学校食堂的调查活动。

二、调查目的

了解我校学生对于食堂问题的满意程度及看法，发现问题，为学校进一步加强和改善食堂监管工作提供依据。

三、调查单位及问卷制作单位

校学生会权益部。

四、调查对象

××学院在校大学生。

五、调查方式

本次调查主要是采用走访宿舍和食堂随机抽查相结合的形式填写调查问卷。

六、调查时间

20××年××月××日。

七、调查内容

问卷主要调查我校学生对学校食堂问题的满意程度及看法，问卷共向学生提出13个问题（问卷见附件，此处略）。

八、调查结果

本次调查共发放问卷200份，回收有效问卷161份，回收率80.5%。

九、数据分析

（一）我校同学对我校食堂满意度一般。从调查问卷中得出的结论来看，有4.4%的同学对各食堂非常满意，有24.5%的同学对各食堂感到满意，有32%的同学对各食堂感到较满意，有17.6%的同学对各食堂感到不满意，有14.6%的同学觉得各食堂很差，有2.5%的同学觉得各食堂非常差。数据表明，同学们对各食堂满意度一般，各食堂仍需在各方面进行改进。

（二）我校学生对我校各食堂卫生较满意。从调查问卷中得出的结论来看，有1.9%的同学对各食堂卫生非常满意，有9.3%的同学对各食堂卫生感到满意，有46%的同学对各食堂的卫生感到较满意，有42.8%的同学对各食堂的卫生感到不满意。从数据上看，学校应加强就餐卫生，以保证老师和同学们的饮食健康。例如，有18.9%的同学经常发现就餐的饭菜里有虫子之类的东西，有59.8%的同学偶尔发现就餐的饭菜里有虫子之类的东西，这严重影响了老师和同学们的饮食健康。

（三）在刷卡时，有35.5%的同学经常或偶尔有被多刷钱的现象，而有19.3%的同学选择了忍气吞声。

十、调查体会

通过本次问卷调查及调查分析，我们认为学校食堂还行，但卫生、饭菜、菜价、态度、秩序等方面仍存在问题。针对这些问题，我们给出以下几点建议：

（一）食堂工作人员要严格遵守卫生标准，进一步提高食堂饭菜的卫生和质量。在打饭期间没有戴一次性手套不能接触饭菜，打饭期间禁止挠头发等行为。

（二）对于食堂饭菜的建议如下。

第一，食堂的选料要好，无变质食品，不使用劣质调料。

第二，尽量保持菜价稳定，让利于学生。每天将原料市场价格和菜品价格公布上墙，让同学们对照。菜色可分高、中、低三档，保证低价菜的供应量，让同学有更多的选择。

第三，米、菜一定要清洗干净。保持就餐环境的整洁干净，保持良好的服务态度，彻底打扫卫生死角。

第四，丰富菜色种类，努力让不同口味的同学有不同的选择。

第五，饭菜保温及食品安全方面：天气开始变凉，必须做好饭菜的保温工作，保证后来的同学也吃得上热饭。不出售隔夜的饭菜，做好碗筷的消毒防蝇工作。

第六，加强工作人员服务态度培训。

（三）大学生要提高自身修养，维持良好就餐秩序。自觉排队就餐，这不但体现大学生的素质，也是基本的社会礼仪。建议权益部增派人手在食堂督促和提示一两周，学校食堂也可以粘贴"请自觉排队"等提示语，这样食堂的打饭秩序能有所改善。

（四）学校要加强监管。建议学校对食堂进行定时或不定时的检查、抽查，设立投诉信箱，狠抓食堂卫生、饭菜质量。

（五）培养学生良好的饮食习惯。很多学生有不吃早餐或者节食减肥的情况，为了学生有更健康的身体，学校要加强健康饮食的宣传，培养学生良好的饮食习惯。

学生会权益部

20××年××月××日

附：调查问卷

评析：从数据分析来看，调查结果客观、真实地反映了"学校食堂的卫生、饭菜质量、学生饮食"等情况，具有写实性、针对性和逻辑性，反映了客观存在的问题，阐明了作者的观点，得出了科学的结论，并为推动食堂问题的解决，提供了可行性的建议。

实践训练

请你从本校大学生心理健康、大学生协作意识、大学生就业、大学生恋爱、大学生消费、大学生自学能力、大学生科研意识、社团活动对大学生成长的影响、上网情况、家庭教育、社会实践、食堂满意度、阅读意向、消费理念、做兼职、就业率等选一个话题进行调查研究并写一篇调查报告。

第二节 学术论文

学术论文是表述科学研究成果的一种理论类文体，是对某个科学领域中的学术问题进行研究后表述科学研究成果的理论文章。学术论文具有存储、传播专业研究信息的功能，是交流研究成果的重要工具，是专业人员进行业务考核和能力定级的重要依据，是某一学术课题在实验性、理论性或观测性上具有新的科学研究成果或创新见解，某种已有原理应用于实际中取得新进展的科学总结。

一、文体特性述要

学术论文是在专门的、系统的学术研究后表达和总结其科研进展或成果的理论文章。

学术论文也叫科学论文、专题论文，简称论文。学术论文的特点为科学性、创造性、专业性、学术性。学术论文可以根据学科背景、学识结构、研究兴趣、工作岗位、知识积累确定研究方向。学术论文选题的基本原则为价值性原则、可行性原则、合理性原则、创造性原则。学术论文应提供新的科技信息，其内容应有所发现、有所发明、有所创造、有所前进，而不是重复、模仿、抄袭前人的工作。

二、文体格式与写作要求

学术论文的内容通常包括文前、主体、辅文三个部分。

（一）文前

1. 标题

学术论文可采用单行标题的形式。或概括全文的中心内容，如"旅游景区链接动机分析的实证研究"；或揭示文章的基本观点，如"国库现金不能游离于预算法外"；也可采用正副标题形式，如"微信公众号推文标题及浏览量的关系研究——基于 SPSS 的数据分析"。无论采用什么标题，都要做到准确、具体、醒目。

2. 作者署名

作者署名在标题下方。多位作者时，姓名之间用空格或逗号隔开；若单位不同，还应分别作注标识作者的单位等。

3. 作者单位

作者单位或为工作单位，或为学习单位。单位应标全名，并标出单位所在省、城市名及邮政编码，加圆括号置于作者署名下方。

4. 摘要

摘要是对论文内容的简短概括和陈述。摘要应能客观、全面地反映论文的主要内容或结论。摘要的特点是"短""精""完整""不加评论""第三人称"。

5. 关键词

关键词是从论文中选取出来的能反映全文主题概念的词或词组。关键词选取的数量取决于文献论述的内容。一般情况下，一篇学术论文的关键词以 3~5 个为宜，少不下 3 个，多不过 7 个。

（二）主体

1. 引言

引言又称绪论、导言、前言，是文章的开头部分，主要是提出论述中心，交代与论题相关的一些问题。具体包括：交代问题提出的依据和背景，说明写作的缘由和目的，指出课题研究价值，概述文章的主旨和基本内容等。引言要提纲挈领、简明扼要，不能与摘要雷同。

2. 本论

本论是论文的主体，主要是展开论题，准确表述作者的研究成果，并通过分析论证充分阐明论点是正确的、科学的。在论证上，要有严密的逻辑性，注意观点与材料的统一、总述与分述的有机结合；在组织结构上，可根据文章的具体内容和篇幅的长短，分别采取独体式、序号式或小标题式结构。

3. 结论

结论是论文的收束部分，有得出结论、总结全文的作用。具体内容一般包括：根据本论部分的论证分析，归纳全文，得出结论；指出尚未涉及但与本课题密切相关的问题；提出对本课题作进一步研究的展望等。结论应是前言提出的问题、本论分析的结果，要高度概括，明确突出。

（三）辅文

辅文部分包括基金项目、作者简介、注释、参考文献、英译题目等。

范 文

新文科背景下《大学语文》翻转课堂教学创新研究

赖若良

（昆明理工大学津桥学院）

摘要：大学语文翻转课堂模式弥补了传统教学过程的不足，在课前自主学习，课中深入探究，课后巩固强化，学生始终是整个教学过程的主体。这种教学创新模式以教师为主导，注重双向互动教学，将思政理念、多种教学资源、现代教育技术有机融入教学，提高学生的自主学习与探究能力，树立正确的世界观和职业观。

关键词：大学语文　翻转课堂　教学创新

"College Chinese" flipped classroom teaching innovation research under the background of new liberal arts

Lai Ruoliang

（Oxbridge college，Kunming University of science and technology）

Abstract：The flipped classroom model of college Chinese makes up for the shortcomings of the traditional teaching process. Learning independently before class, exploring deeply in class, and consolidating and strengthening after class, students are always the main body of the whole teaching process. This teaching innovation mode is teacher-oriented, pays attention to two-way interactive teaching, organically integrates ideological and political ideas, various teaching resources and modern educational technology into teaching, improves students' independent learning and inquiry ability, and establishes a correct world outlook and career outlook.

Key words：college Chinese, flipped classroom, teaching innovation

引言

新文科是相对于传统文科而言的，它以全球新科技革命、新经济发展、中国特色社会主义进入新时代为背景，突破传统文科的思维模式，以继承与创新、交叉与融合、协同与共享为主要途径，促进多学科交叉与深度融合，推动传统文科的更新升级，从以学科为导向转向以需求为导向，从专业分割转向交叉融合，从适应服务转向支撑引领。2017 年 10 月开始，美国希拉姆学院旗帜鲜明地提出了"新文科"的教育理念。学院对培养方案进行全面修订，对 29 个专业进行重组，即把新技术融入哲学、文学、语言等诸如此类的课程中，为学生提供综合性的跨学科学习。[1]2021 年 11 月，教育部新文科建设工作组在山东大学主办的新文科建设工作会议上明确指出，文科教育是培养学生自信心、自豪感、自主性，产生影响力、感召力、塑造力，形成国家民族文化自觉的主战场、主阵地、主渠道。[2]大学语文课程作为非汉语言文学专业的人文素质必修课，融人文性、工具性、审美性为一体，固本凿魂、启智润心、力行增能，是培养全方位人才的重要课程。然而，当前的大学语文教学依然存在着学习枯燥乏味、教学编纂与教学脱离学生实际、授课难度大、教学效果不好等问题。立足新时代，回应新需求，教学创新的要求呼之欲出。为了培养宽口径、厚基础、适应科学技术发展的高素质复合型应用型人才，在教学实践中大学语文教师应通过形式多样的活动和信息技术促进学生积极、深度参与，多学科合理交叉，创设话题情景、活跃课堂气氛，把课堂还给学生，构建实践性、互动性课堂模式，实施形成性评价，鼓励学生踊跃参与教学活动、有效调控自己的学习过程，在掌握文学知识的同时，热爱中华优秀传统文化，树立文化自信，更加坚定爱国热情，成为具有较高的人文素养和思想政治觉悟的创新型人才。

一、拓展教学资源，与思政元素有效融合

大学语文教育即成长教育、社会教育、生活教育、人生教育，体现了大学语文教育的时代性、前沿性和思政性。[3]为了让学生学会主动内省，需将阅读、写作与沟通三方面内容统筹安排、有机融合，引导学生自觉弘扬和践行社会主义核心价值观，形成从输入到输出、从接受到表达、从思考到创造的互补循环的完整体系，用思政教育的核心理念砥砺自己，实现自我教育。为了进一步领悟教育部和国务院近年来关于立德树人和发展职业能力培养方面的文件，我们针对性地将"经典文选"内容专题化为家国情怀、经典文化、技艺传承、感悟自然、民俗风情、志向抱负六大主题，将"实用写作"归并为社群沟通文书、

事务类文书、公文类文书、科研类文书，以提高听、说、读、写的能力。我们还利用"互联网+"教学手段，将文学、历史、地理、哲学、心理学、教育学等学科知识不断融合，拓展学习资源，增强交互功能，如MOOC平台、各种学习的App、微信公众平台、百家讲坛节目、学习强国等，为学生提供优质资源。

作为"阅读与欣赏"中的一篇，陆游的《晚晴闻角有感》是一篇爱国主题的文章，教师通过QQ平台发布课前视频材料，结合课前测评，补充了学习强国App里关于陆游的生平介绍，让学生课前自主学习，了解爱国将领陆游，以思考爱国是什么，为什么要爱国，作为青年大学生应该如何爱国为主线，同时结合诗中的情感和完美意象，激发学生的爱国热忱，树立民族团结的信念，唤起学生对国家和民族发展的责任感和自豪感。

二、采用翻转课堂，创新教学模式

翻转课堂是基于信息技术支持的逆向的教学流程，为大学语文教学提供了指导性框架。近十年来，信息化教学与大学语文课程的整合实现了从传统教学模式向基于计算机信息技术的课堂教学模式的转变。

教学模式上，通过课前了解学生习得的背景知识，教师收集相应主题的视频和图式材料，构建符合学生水平的线上资料；通过QQ或微信平台发布学习内容、视频、相关文献，学生接收任务后自主学习，提出问题，交流讨论。课中采用翻转课堂的模式，针对学生的问题和理解程度，进行"精确翻转"。学生以汇报学习成果、交流讨论、分组讨论、小组互评的方式进行思辨性学习。教师进行引导、启发、点评与总结。课后，通过任务巩固学习内容，帮助学生进一步理解吸收课堂内容，发展逻辑思辨等综合能力。

以实际教学中陆游《晚晴闻角有感》一课为例，课前，自主预习与本诗相关的文学、文化常识及背景知识，了解七律诗歌体裁，阅读陆游的诗歌《示儿》。学生完成预习后，绘制关于陆游生平的思维导图。课中，学生对课前所有学习材料进行诵读、分组陈述，相互讨论，情景代入，比较分析、小组互评。在此基础上教师简单讲解，启发学生充分讨论和思考，进而进行主题分析，引导学生独立思考，建立正确的人生观、价值观。课后学生就本诗传达出来的爱国主义精神发表见解，唤起学生对国家和民族发展的责任感和自豪感。

陆游《晚晴闻角有感》总共两个课时，第一课时，教师首先进行启发式提问：陆游是一个什么样的人？引导学生了解作者陆游的生平以及当时所处的时代背景。而后听伴奏朗诵，学生有感情朗诵，掌握整首诗歌的爱国主义情感基调，进而运用讨论法、比较法，结合课前阅读和收看的视频材料的内容，激发学生内容图式。用形式多样的师生提问、生生提问、生生讨论、生生互评、师生点评等来强化学生的图式背景，使其深刻体会到：陆游人生的三个时期，始终贯穿着炽热的爱国主义精神，中年入蜀以后表现尤为明显，不仅在同时代的诗人中显得很突出，在中国文学史上也是罕见的。乾道六年（1170）闰五月十八日，陆游前往夔州赴任通判。一家人沿着运河，一路舟行，经萧山，进临安，过秀州、吴江、常州、丹阳，抵达镇江，进入长江，又逆水而上，向夔州进发。水路迢迢，旅途漫漫，心情复杂，这一路走来，竟从夏天走到了冬天，直到十月二十七日早上，耗时 157 天才到达夔州，行程 5 000 多里。学生形成对文章主题的情绪反应，获得对人物、主题的认同感，形成新的图式知识，有助于进一步补充其原有图式，为课后进一步展开自主阅读和深度思考打下基础。第二课时，采取情景代入的方式，引导学生理解颔联、颈联、尾联。深刻体会到由于陆游对祖国有着强烈的爱，所以对那些腐败无能、妥协投降的统治者自然表现出无比的憎恶。

三、应用情景教学，优化职业素养

情景的带入来源于学生的生活经历和情感体验，对大学生人际沟通、个性塑造、号召力、凝聚力、判断力等产生潜在的积极影响，进而直接对大学生人生规划、职业发展、审美素质和人文素质的习得产生良好的效果，突出了语文的工具性与人文性。在大学语文课堂教学中应用情境教学的方法打破了传统教学模式的束缚，激发了学生对文学经典作品的热爱，丰富了语文教学活动，培养了学生的创造性思维，增强了学生的直观感受，强化了学生职业素质的养成。

情景教学相对于传统的教学方式来说，具有较高的带入度，很容易将学生带入一种特定的情景中，带给学生真实的体验，也就更容易激发学生学习的热情和欲望，提升课堂教学的效率。陆游的《晚晴闻角有感》第二课时的教学过程中，老师通过一些情景帮助学生理解颔联"十年尘土"的战争背景。老师讲解有关金朝与南宋之间战争的战略形势，给学生播放具有历史代表性和震撼性的图片，激发学生的爱国之情，激发起学生强烈的学习兴趣和家国情怀，在学生感情最为充沛之时，把学生分成小组，采用小组讨论、团队合作的形式学习诗歌。

实际操作：

设问问题 1：战与不战？

教师明确：李宝将军带兵抗金，历经各种困难，但仍未放弃，最终取得战争的胜利，从李宝将军身上肩负的国家前途和命运，引导学生理解中华民族血脉的传承，理解作为青年大学生身上肩负的责任和使命，明白爱国的血脉从未断过。

设问问题 2：战争中有胜利的希望，如果你是皇帝，你会怎么办？

教师明确：隆兴北伐战败，南宋王朝主和，签订不平等条约"隆兴和议"……但是陆游仍然没有放弃收复失地的理想，他明知国家在衰落，但从未放弃希望。

设问问题 3：你有一腔报国的热血，但是条件有限，参战可能有去无回，你会做怎样的选择？（仍以爱国的情感做线索）

课中操作辩论环节设置：学生分为主和派和主战派两组，想办法说服对方加入自己的阵营。

课后升华：课后学生就本诗传达出来的爱国主义精神发表见解，唤起学生对国家和民族发展的责任感和自豪感。结合时政升华爱国主题：以人民为中心，全心全意为人民服务。

对以上 3 个问题进行的小组讨论，激发了学生的思辨意识、家国情怀以及对真善美的追求，提高了学生的学习积极性和探究问题、解决问题、总结问题的能力，锻炼了学生的表达能力、思维能力、论辩能力，促进了学生的全面发展，为将来职场上灵活应对做了铺垫。而团队之间的协作，则培养了学生之间合作的默契度和集体荣誉感，使学生取长补短，高效完成任务，达到了协作共赢的效果，提升了学生的职业素质和沟通交流能力，进而在一定程度上内化为学生的价值观和以后的职业精神。

四、创新评价体系，提升实践能力

"大学语文"教师是学习主体在语文能力方面提升的促进者和陪伴者，拥有学习成效评价的权力。"大学语文"教师应尊重语文教育的实践性特征，深入分析大学语文和学生生活的内在联系，探讨教学质量的提高与学生发展的途径。教学评价和习得效果评价结合教育部推行的汉字应用水平测试和职业汉语能力测试以及职业沟通能力测试的经验和操作模式，坚持"价值引领"功能的增强和发挥，采用"多元指向"的教学评价，平时成绩占 60%，期末考试占 40%，将学生的品格素质、语文能力、学习水平、学习成果等因素纳入形成性过程评价体系。

结语

总之，新文科要求学科交叉融合，关注大学生的全面发展，培养具有深厚文化底蕴的高素质的复合型人才。大学语文翻转课堂教学模式，激发了学生自主学习的动力和兴趣，提升了学生的人文素养，提高了课堂教学效率，锻炼了学生的职业能力，对文科课程教学具有参考价值。这不仅需要教师具备扎实的文学、历史、哲学功底，还要与时俱进，掌握现代教育技术，并能进行跨学科多角度的教学实践，设计行之有效的教学方案，以润物细无声的方式传授与启发学生，使学生在课堂中变被动为主动，提高自己的思想境界，对自己肩负的使命和担当有正确而清醒的认识，促进社会的全面发展。

参考文献

［1］ https：//baike. so. com/doc/28831252-30294611. html

［2］《新文科建设宣言》正式发布. 中国教育在线 ［EB/OC］. 2021.11.03

［3］ 杨泽琴. 大学语文教学创新的总结与反思 ［J］. 文学教育，2022（10）.

评析：此篇论文摘要概括了整个"新文科背景下大学语文翻转课堂教学创新"的研究。引言部分就新文科的发展和大学语文翻转课堂实施的目的、意义进行了分析。正文部分分为四点，提出了：拓宽教学资源，与思政要素融合；采用翻转课堂，创新教学模式；应用情景教学，优化职业素养；改革评价体系，提升实践能力等创新教学理念。最后在结语部分提出了作者的观点：新文科背景下，教师需具备扎实的文学、历史、哲学功底，还要与时俱进，掌握现代教育技术，并能进行跨学科多角度的教学实践，设计行之有效的教学方案，以润物细无声的方式传授与启发学生，使学生在课堂中变被动为主动，提高自己的思想境界，对自己肩负的使命和担当有正确而清醒的认识，促进社会的全面发展。整篇论文让读者一目了然。主体部分采用引言提出问题，正文部分设计教学方法、分析教学效果，论证合理，最后得出了较为客观的结论，要素齐全，有示范性意义，符合科学研究的逻辑。

实践训练

1. 思考并回答：学术论文由哪几个部分构成？它的写作方法和步骤是怎样的？学术论文语言有哪些特点？

2. 请根据你本人的专业和爱好，选择某一论题，参考 10 篇以上的论文，写一篇 3 000字左右的学术论文。要求做到：格式规范，论证合理，有自己独特的观点。

第三节　毕业论文与毕业设计

一、毕业论文

毕业论文主要考查学生在学习阶段综合应用所学的各种理论知识和技能，发现、分析和解决实际问题的能力，是学生专业技术及学习成果的综合考查，也是大学生从事科学研究的初步训练。毕业论文是在教师指导下完成的，从选题到最终完成，需要学生与教师进行多次沟通，也是对学生沟通能力的综合训练。

（一）文体特性述要

毕业论文是大学生毕业前在教师指导下独立撰写的习作性学术论文。文科学生毕业论文的第一个环节是选题、调研、归纳、分析研究；理科学生毕业论文的第一个环节是选题、实（试）验或规划设计、勘察、分析研究。第二个环节才是撰写毕业论文。毕业论文写作，既是科研基本功的训练，也是对综合运用所学知识分析解决本专业中的某些现实或理论问题的能力的考查，分为选题、收集材料、整理材料、做开题报告、撰写论文、修改定稿、应对答辩七个步骤。根据国家制定的学位的条例及实施办法，毕业论文成绩被视为授予本科生学士学位的、硕士研究生硕士学位、博士研究生博士学位的依据。根据不同的专业，毕业论文又分为理论型论文、实验型论文和描述型论文三种类型。

（二）毕业论文的特点

1. 理论性

毕业论文要求学生在掌握本专业理论知识的基础上，运用抽象思维的方法，对收集到的资料进行分析与归纳，找出其意义与价值并将其论述出来。

2. 沟通性

毕业论文是学生在导师的指导下独立完成的科学研究成果，是师生进行沟通、互动的结果，学生完成毕业论文离不开教师的帮助和指导。从选定题目、查找资料、拟订提纲到具体行文、修改定稿，都是在师生的沟通下完成的。

3. 考核性

毕业论文是表明作者从事科学研究取得的创造性结果或新见解的考核和检查，是授予相应学位时评审用的学术论文。

(三) 文体格式与写作要求

1. 前置部分

前置部分主要包括封面、题名页、中英文摘要、关键词、目录页、插图和附表清单、申请学位级别、专业名称、指导教师信息、学位申请人和完成日期等。

2. 主体部分

主体部分包括引言、正文、结论、参考文献、致谢等。

3. 结尾部分

结尾部分包括索引、附录、封底等。

范 文

阿来《尘埃落定》中男主人公傻子人物形象分析

摘要：阿来的《尘埃落定》是以"傻子"二少爷为主线来进行描写的，塑造了"傻子"似傻非傻的人物形象。本文运用新历史主义的观点来对人类命运进行探索，以"傻子"的来源、"傻子"的爱情、"傻子"的智慧、"傻子"的权力等问题对"傻子"形象进行分析，解读在大历史背景下地方的小历史所产生的区域价值和特色，体现了文学来源于生活的现代写作风格。

关键词：傻子；《尘埃落定》；人物形象

Abstract：A Lai's *The Dust has settled* is described with the "fool" as the main line, shaping the character image of "fool" who is not silly. This paper adopts the new historical point of view to explore the human fate, with the source of the fool, fool's love, the wisdom of the fool image analysis, interpretation in the big historical background of the small history of regional value and characteristics, embodies the literature comes from the modern writing style of life.

Key words：fool, *The Dust has settled*, character image

目录

引言

选用阿来《尘埃落定》中男主人公"傻子"人物形象分析作为选题，是因为《尘埃落定》是藏族作家阿来记录家乡历史和表达对个人"英雄主义"的尊重的文学作品，具有较高的研究价值。本文在研究过程中，查阅了相关期刊和论文等 20 余篇，以及两个不同版本的小说原著，在学者的研究成果中，郑少雄的《康区的历史与可能性》，王晓梅的《浅析〈尘埃落定〉中的"傻子"形象》，徐美恒的《论阿来小说〈尘埃落定〉的性别想象》，屈文静的《社会转型期人类的精神困境》等学者的研究很少涉及人物形象的表述。

一、"傻子"人物形象概述

二、"傻子"人物形象的三个特征

（一）融合了智慧的"傻子"

（二）权力的拥有者

（三）命运的审视者

三、"傻子"模糊的形象刻画的时代意义

（一）历史的书写

（二）人生的荒诞

（三）"傻子"之死的暗喻价值

结语

《尘埃落定》通过一个"傻子"见证了历史的变迁。阿来在作品中穿插了许多自己的思考，将自己化为小说的叙述者，从而使《尘埃落定》实现了个人对历史的阐释。阿来对藏族

土司制度的逝去有着冷静的态度，但是，在创作过程中利用新的观点对写作风格进行颠覆，融合自身的个人情感，从这一方面而言，他多少对这一制度有着一份难以割舍的情怀。因而，阿来笔下的土司史就带有美化的成分，特别是在"傻子"的身上，作者寄予了理想化的品格，这就让这部史诗般的作品带有了非理性的成分，从而成为一种个人视角下的历史。

（以上论文内容有省略）

参考文献

［1］阿来.《尘埃落定》纪念版［M］.北京：人民文学出版社，1998.

［2］郑少雄.康区的历史与可能性——基于阿来四部长篇小说的历史人类学分析［J］.社会，2018，38（02）：84-110.

［3］阿来.尘埃落定［M］.北京：人民文学出版社，2018.

［4］王晓梅.浅析《尘埃落定》中的"傻子"形象［J］.名作欣赏，2018（05）：85-86+89.

［5］王颖伦.命运暗流中的陀螺——浅析《尘埃落定》中的"傻子"形象［J］.汉字文化，2018（15）：47-49.

［6］叶淑娴.含混的受述者和叙述者——《尘埃落定》"傻子"形象分析［J］.名作欣赏，2018（29）：132-135.

［7］杨柳.传统形象与现代阐释——论当代藏族作家汉语小说创作中的人物类型［J］.青海师范大学学报（哲学社会科学版），2018，40（05）：103-107.

［8］周晓艳.文化寻根与流散叙事——论阿来的小说创作［J］.西南民族大学学报（人文社科版），2018，39（12）：176-183.

［9］王宁娜.在高扬与沉潜中徘徊——论《尘埃落定》中的女性形象［J］.辽宁教育行政学院学报，2017，34（01）：98-101.

［10］旦增格桑.阿来长篇小说的悲剧性分析［J］.产业与科技论坛，2017，16（18）：193-194.

［11］田晓菁.多民族文化交融中的阿来创作——以《尘埃落定》为例［J］.长江师范学院学报，2017，33（05）：102-106.

［12］徐美恒.论阿来小说《尘埃落定》的性别想象［J］.西部学刊，2016（01）：16-24.

［13］顾萌萌.虚构与裂变：《尘埃落定》中"傻子"的叙事意义［J］.湖南科技学院学报，2019，40（03）：24-27.

［14］屈文静.社会转型期人类的精神困境——《喧哗与骚动》与《尘埃落定》之人物比较［J］.河南科技大学学报（社会科学版），2019，37（04）：55-59.

［15］张庆.论阿来《尘埃落定》的艺术视景［J］.湖南大众传媒职业技术学院学报，2019，19（02）：51-54.

致谢

　　四年的学习生活即将画上一个记号，而于我的生活来说却仅仅只是一个逗号，我将面对一个新的征程。本研究及论文是在我的指导老师×××的亲切关怀和耐心的指导下完成的。我要感谢……，如果没有您的支持和倾心的协助，我是无法解决这些困难和疑惑，最终让本文顺利完成的。值此论文完成之际，请接受我诚挚的谢意！

　　最后，再次对那些在论文完成过程中，关心帮助我的同学和朋友们表示衷心的感谢！感谢我的父母的养育之恩，他们把我抚养成人并支持我顺利地完成学业，祝愿……

　　（注：全文……的地方为省略）

　　评析：这是一篇汉语言文学专业本科生毕业前写的 1 万多字的毕业论文。全文运用历史主义的观点就阿来的小说《尘埃落定》中"傻子"这一人物形象进行了分析，格式正确、语言流畅、内容完整、思路清晰、观点明确，展现了笔者一定的研究能力。全篇论文就"傻子"的来源、"傻子"的爱情、"傻子"的智慧、"傻子"的权力等问题对"傻子"的形象进行了较为深入的剖析，认为阿来的《尘埃落定》是对藏族土司史的一种另类解读和言说，引发了人们对现实和历史的感悟与反思。

二、毕业设计

　　毕业设计是按照设计任务书的要求，将工程、产品、活动等的设计情况和成因加以表述的文字材料，是毕业生综合运用基础知识、专业知识和生产管理经验，将调查研究、设计、计算等资料进行分析整理、归纳总结后形成的说明性文件。

（一）文体特性述要

　　毕业设计是实践教学最后一个环节，学生只有在完成教学计划所规定的理论课程、课程设计与实习，经考试、考查及格后方可进行的毕业前夕总结性的独立作业，旨在检验学生综合运用所学理论、知识和技能解决实际问题的能力。在教师指导下，学生就选定的课题进行设计和研究，包括计算、绘图、工艺技术、教学设计、经济论证等，要保证科学性、严谨性、客观性。学生通过毕业设计答辩进行成绩评定，评定及格才能毕业。

（二）文体格式与写作要求

　　毕业设计的内容通常包括封面、目录、摘要及关键词、正文、参考文献、附录、后记等。

1. 封面

封面主要写明设计的项目名称、设计人员、所在单位名、指导教师以及设计日期等。

2. 目录

目录主要是把设计内容各项组成部分的标题列出来，是论文整体结构的简单呈现，标题应尽量做到层次鲜明。一般目录要求按照三级标题来写，以便使作者迅速找到文中所需要的内容。

3. 摘要及关键词

摘要是对毕业设计的内容不加注释的简述，也称为内容提要。摘要应具有独立性和目的性，摘要力求简洁、精练、客观，文中要有数据和结论。关键词一般在 3~5 个。摘要及关键词一般由中英文两种语言写成，中文在前，英文在后。

4. 正文

正文一般包括前言、综述、方案论证、主体四部分。

前言：主要阐明选题背景及意义。

综述：主要梳理研究课题的发展趋势，找出研究方向。

方案论证：简要说明设计的方案，阐明选题缘由，说清自己承担的主要工作及贡献。

主体：说明设计的主要方法，如分析方法、调查方法、试验方法、计算方法等。

5. 参考文献

在正文的最后一页应列出主要参考文献。参考文献的作者、篇目、出版社、出版时间等均应写清。

6. 附录

凡对设计内容有用又不便写入正文的数据和资料等，要用附录的形式附于正文之后。

7. 后记

后记是毕业设计末尾（多在封三前）的短文，是对全文的简单总结，用来说明写作目的、经过等，着重说明个人的贡献及工作的主要内容。后记中常有致谢的内容，应对毕业设计的指导老师及对该设计的形成做过贡献的组织或个人予以感谢。语言要求诚恳、恰当、简短。

在撰写毕业设计时，应从实际出发，上述各项有的可以合并，有的可以省略，不求全求多，一切以如实、准确表述毕业设计的中心内容和主要特点为前提。

范 文

对外汉语教学中汉字教学浅论及综合课教学设计

目录

对外汉语教学中汉字教学研究浅论

摘要：外国学生要想学习汉语首先要学习汉字，同样，教师在进行对外汉语教学时首先也要进行汉字教学。对于国外学习汉语的学生来说，学习汉字既是重点又是难点。重点在于：汉字习得是汉语习得的基础，学生必须先掌握汉字才能进一步学习汉语。难点在于：汉字具有难认、难读、难写等特点，这些特点会给学生造成学习上的阻碍。因此，本论述就教学者的角度出发，对汉字教学的原则、方法及技巧和策略进行研究，以便进一步探索对外汉语教学中的汉字教学，为今后对汉字教学的研究提供参考帮助。

关键词：汉字教学，原则，方法及技巧，策略

Discusses on the study of the teaching of Chinese characters in the teaching of Chinese as a foreign language

Abstract：If foreign learners want to learn Chinese, they must first learn Chinese characters. Similarly, teachers must first teach Chinese characters when teaching Chinese as a foreign language. For learners of Chinese abroad, learning Chinese characters is both a key point and a difficult point. The point is：Chinese character acquisition is the foundation of Chinese language acquisition, and learners must master Chinese characters before they can learn Chinese further. The difficulty lies in：Chinese characters are difficult to recognize, read, and write, and these characteristics will hinder learners. Therefore, this paper studies the principles, methods, techniques and strategies of Chinese character teaching from the perspective of teachers, in order to further explore the teaching of Chinese characters in the teaching of Chinese as a foreign language, and provide reference help for future research on Chinese character teaching.

Key words：Chinese characters teaching, Principle, Method and Technique, Strategy

前言

汉字教学在对外汉语教学中没有得到足够的重视，常常被教学者融合于其他教学之中，没有对汉字进行单独教学，这种教学行为极大地影响了汉字的教学与传播。与对外汉语教学的其他教学部分的发展相比，汉字教学的发展相对落后，汉字教学的原则、方法和技巧以及策略也具有较大的随意性，没有系统完整的理论。

本文结合近年来五篇比较有代表性的论文，详细阐述了对外汉语教学中对外汉字教学的原则、方法及技巧和策略，以期解决教学过程中的难题，对汉字教学的发展起到一定的促进作用。

一、教学原则

第一，教学过程要生动形象。

第二，根据学生母语背景展开。

第三，化繁为简，精讲多练。

第四，循序渐进，不拘陈规。

二、教学方法及技巧

（一）方法

1. 结合"六书"进行教学。

2. 结合笔画、笔顺进行教学。

3. 结合字本位进行教学。

4. 结合"部件—整字—字族"教学。

（二）技巧

1. 展示汉字的技巧。

2. 解释汉字的技巧。

三、教学策略

首先，汉字教学要抓住汉字的特点。

其次，汉字教学要注意汉字的文化教学。

最后，汉字教学要注意汉字的书写规范。

结论

汉字的教学并不是一成不变的，教师要根据所教授的汉字以及不同阶段、不同学生的特点找到适合的方式去教学。随着对外汉语教学中汉字教学的不断发展，教学方法也应与时俱进，我们要顺应阶段的变化，在已有方法的基础上不断创新，从而促进对外汉字教学的更好发展。

参考文献

［1］吴文杰. 试论对外汉语教学中的汉字教学 ［J］. 赤峰学院学报（汉文哲学社会科学版）. 2016，37（09）.

［2］毕岩. 浅析对外汉语教学中的汉字教学 ［J］. 语文教学通讯·D刊（学术刊）. 2016（10）.

［3］樊淑娟. 对外汉字教学方法探析 ［J］. 社科纵横. 2015，30（09）.

［4］董福升. 对外汉字教学的原则与方法 ［J］. 湖北函授大学学报. 2008，21（03）.

［5］张文桢. 对外汉语汉字教学技巧刍议 ［J］. 文学教育（上）. 2019（09）.

［6］卞觉非. 汉字教学：教什么？怎么教？［J］. 语言文字应用. 1999（01）.

［7］姚芳. 对外汉语教学中汉字教学之策略 ［J］. 时代文学（下半月）. 2012（03）.

[8] 张明明，陆湘怀. 汉字的特点与对外汉语汉字教学 [J]. 厦门广播电视大学学报. 2010，13（04）.

[9] 李婧，刘娟. 基于汉字构形理论的对外汉语汉字教学方法探究 [J]. 佳木斯职业学院学报. 2015（03）.

[10] 李莹. 对外汉语汉字文化教学研究 [J]. 吉林省教育学院学报. 2021，37（05）.

（以上综述内容有省略）

综合课教学设计

课题：宴请与答谢

课型：综合课

课时：共两课时，每课时 50 分钟。

教学对象：HSK（中国汉语水平考试）三级，掌握 600 词左右的菲律宾汉语学生。

教学目标：

（一）知识目标：

1. 通过学习词汇，能够掌握生词中的名词、副词、形容词、连词的实际意义和用法，并回忆起记忆库中的相关词汇，正确率达 90%。

2. 通过学习语法，能够掌握"何况……"和"实在不行……"的用法，并完成语法练习，正确率达 90%。

3. 通过对课文的学习，能够理解并记忆课文内容，能够复述课文内容，正确率达 90%。

（二）技能目标：

1. 听：能够听懂每分钟 180 个音节以上语速的课文。

2. 说：能够以对话的形式复述课文内容，语言流畅。

3. 读：听完课文后能够完整流畅地读课文。

4. 写：能够以每分钟 12~15 个字的速度书写生词。

（三）情感目标：

1. 学生有了解中国传统宴请文化的求知欲。

2. 学生有描述自己参加宴请活动经历的想法。

教学内容：

1. 生词：生词 13 个，包括名词 3 个、动词 2 个、形容词 2 个、副词 3 个、连词 1 个和成语 2 个。

2. 语法："何况……""实在不行……"。

3. 课文：招待会是特意为您举办的。

教学重点：

1. 重点生词"特意、专门、受宠若惊、精神百倍、何况、拜托"的意义和用法。

2. 语法"何况……""实在不行……"的意义和用法。

教学难点：掌握语法"何况……""实在不行……"的使用情境并能熟练使用。

教学方法：

1. 课堂教学通过讲授法，按照"生词—语法—课文"的顺序，循序渐进。

2. 运用直观法和多媒体教学法进行教学。

3. 运用精讲多练法，加强听说读写的训练。

4. 运用情景法，加深学生对内容的理解。

教学过程：

第一课时（50分钟）

（一）导入（2分钟）：

询问同学有没有去参加过招待会或宴会，请同学起来回答并介绍自己国家参加招待会或宴会的礼仪。

（二）生词学习（32分钟）：

1. 整体带读生词，每个生词读两遍。

2. 学习生词。

（三）练习（15分钟）：

1. 认读练习：随机点名，让同学起来读生词，每个同学读一个生词。

2. 音形匹配练习：在黑板上给出所学生词的拼音和汉字，并打乱顺序，让学生选出正确的序号并填在括号里，每位同学选一个。

3. 词语使用练习：结合之前所讲的例句，让学生模仿造句，针对错误的地方进行讲解纠正。

（四）布置作业（1分钟）。

第二课时（50分钟）

（一）复习旧课，引入新课（3分钟）。

（二）语法学习（10分钟）。

（三）课文学习（18分钟）。

（四）练习（18分钟）。

（五）布置作业（1分钟）。

板书设计：

教具：图片，多媒体，黑板。

（以上内容有省略）

教学反思

本次教学的课题为选自《新丝路·中级商务汉语综合课程（生活篇）Ⅰ》中的《宴请与答谢》。教学内容为《宴请与答谢》会话篇（一）中的生词、语言点和课文，共两课时，每课时 50 分钟。教学对象为 HSK 三级、掌握 600 词左右的菲律宾学生，他们已经能理解和运用一些简单的汉语。本课教学目标明确，涵盖范围广，教学过程有成功之处，亦有不足之处。

一、成功之处

1. 教学目标明确，教学方法多样化。

2. 教学内容安排得当。

3. 学生得到有效练习。

二、不足之处

1. 教学方法运用不得当。

2. 板书设计有缺陷。

3. 备课过程不够严谨。

三、再教设计

1. 针对教学过程中不足之处的再教设计。

2. 针对备课过程中不足之处的再教设计。

3. 教学过程整体再教设计。

小结

（以上内容有省略）

致谢

时光飞逝，转眼之间四年的光阴就要过去了，我的大学生涯也即将告一段落。

首先，我对我的指导老师×××表示衷心的感谢。在毕业设计写作过程中，我深刻体会到……对此，我感激不尽。

其次，我要感谢所有教过我的老师。……

再次，我要感谢我的同窗舍友以及……在即将毕业之际，祝各位前程似锦。

最后，我要感谢……

行文至此，我的大学生活即将落下帷幕。感激之情，难以言表。山水有相逢，我们后会有期。

（以上内容均有省略）

评析： 以上是汉语国际教育专业的一名本科生所写的毕业设计，该生所作毕业设计认真细致，每一个部分都很完整。所写文献综述准确概括了所参考文献的基本观点，能对所述文献进行理性分析和评价，不足之处是创新性和趣味性还有待于进一步加强。

教案符合格式要求，目标明确，教学重难点把握准确，教学环节安排合理，教学方法科学。教学反思部分对教学的主要优缺点认识准确，有科学有序的再教设计，写出了对教学的真实感受。致谢部分回顾了自己的大学四年的学习和生活，点名致谢相关的老师、同学、父母，真诚感人，体现了该生良好的品德修养，令人印象深刻。

实践训练

1. 假设你正面临毕业，选择一个与你所学专业相关的课题，广泛收集资料，进行整理、分析、归纳，写一篇毕业论文。

2. 假设你是一名教育专业的学生，应学校要求做相关的毕业设计，请选取实习或实践过程中你认为授课效果最好、最熟悉、最感兴趣的一门课，尝试写一篇毕业设计。

参 考 文 献

［1］老舍. 断魂枪［M］. 北京：中国工人出版社，2009.

［2］林徽因. 中国建筑常识［M］. 北京：北京理工大学出版社，2017.

［3］中国蔡元培研究会. 蔡元培全集［M］. 浙江：浙江教育出版社，1997.

［4］钱理群. 中国现当代文学名著导读［M］. 北京：北京大学出版社，2002.

［5］傅书华. 中国现当代文学史综合教程［M］. 北京：北京师范大学出版社，2014.

［6］王万森，吴义勤，房福贤. 中国当代文学 50 年［M］. 青岛：中国海洋大学出版社，2001.

［7］闻捷. 天山牧歌［M］. 北京：作家出版社，1956.

［8］王宁. 名家经典文库·闻一多作品［M］. 长春：时代文艺出版社，2004.

［9］杨朔. 杨朔散文选［M］. 北京：人民文学出版社，1978.

［10］胡适. 胡适文集（第二卷）［M］. 北京：北京大学出版社，1998.

［11］于天池. 聊斋志异（注解本）［M］. 北京：中华书局，2015.

［12］吴楚才，吴调侯. 古文观止［M］. 北京：华夏出版社，2009.

［13］徐晋如. 唐诗之美日历［M］. 北京：中华书局，2021.

［14］彭定求，等. 全唐诗（上）［M］. 上海：上海古籍出版社，1986.

［15］李振鹏，等. 古文鉴赏辞典［M］. 上海：上海古籍出版社，2013.

［16］贝远辰，叶幻明. 历代游记选［M］. 长沙：湖南人民出版社，1980.

［17］张志斌. 东坡养生集［M］. 福州：福建科学技术出版社，2013.

［18］王雅菲. 大学语文［M］北京：北京理工大学出版社，2019.

［19］李强. 大学语文［M］北京：北京理工大学出版社，2021.

［20］周金声，杨晓霞. 沟通与写作［M］北京：高等教育出版社，2022.

［21］马青芳. 大学语文［M］. 北京：北京理工大学出版社，2022.

［22］杨萌，胡蔚涛. 大学语文［M］. 北京：北京理工大学出版社，2021.